Myriam Möhlmann

Das Schlachthaus
als
Thema der Literatur

© 2021 Myriam Möhlmann

Autor: Myriam Möhlmann
Umschlag und Design: Myriam und Roman Möhlmann

Verlag & Druck: tredition GmbH, Halenreie 40-44, 22359 Hamburg
978-3-347-33951-4 (Paperback)
978-3-347-33952-1 (Hardcover)
978-3-347-33953-8 (e-Book)

Bibliografische Information der Deutschen Nationalbibliothek:
Die Deutsche Nationalbibliothek verzeichnet diese Publikation in der Deutschen Nationalbibliografie; detaillierte bibliografische Daten sind im Internet über http://dnb.d-nb.de abrufbar.

Inhalt

1. Einleitung

Der Konsum von Fleisch zählt seit jeher zu den primären Komponenten der menschlichen Ernährung. Verschiedenste Tierarten wurden zu diesem Zweck im Laufe der Geschichte von Menschenhand geschlachtet. Unter *Schlachtung* bzw. *Schlachten* versteht man laut Duden[1] die fachgerechte Tötung eines Haustieres, dessen Fleisch für die menschliche Ernährung verwendet werden soll, laut dem deutschen Fleischhygienegesetz[2] präziser die Tötung durch Blutentzug eines Tieres aus der Gruppe Rinder, Schweine, Schafe, Ziegen, weitere Paarhufer, Pferde und andere Einhufer, Kaninchen, die als Haustiere gehalten werden, sofern ihr Fleisch zum Genuss für Menschen bestimmt ist; soweit die sachliche Definition. Das Schlachten sowie das Schlachthaus als der dazugehörige und untrennbar verbundene Ort werden in verschiedenster Form auch in der deutschen und internationalen Literatur als Motiv aufgegriffen. Das Auftreten des vorindustriellen und darauf folgend immer industrialisierteren Schlachthauses als literarisches Motiv entwickelt sich dabei durchaus parallel zu historischen, gesellschaftlichen und technologischen Entwicklungen.

Die vorliegende Arbeit will untersuchen, inwiefern sich das literarische Motiv speziell des industriellen Schlachthauses, das ab der Mitte des 19. Jahrhunderts auftaucht, im Wandel der Zeit und des mit ihm einhergehenden technischen Fortschritts entwickelt hat. Daneben soll detailliert herausgearbeitet werden, welche literaturgeschichtlichen Bezüge zwischen den bedeutendsten Werken der 'Schlachthausliteratur' bestehen. Für die Arbeit wurde bewusst der Fokus auf die Thematik der Tierschlachtung zur Lebensmittelgewinnung in neuzeitlichem Kontext gelegt. Hintergrund ist die historische Etablierung des Schlachthauses im Sinne einer festen Institution der professionalisierten, massenhaften, mechanisierten Fleischgewinnung als Ablösung der zuvor praktizierten, traditionellen, vormodernen Varianten (vgl. Kapitel 2). Die Untersuchung versteht sich als Betrachtung neuerer Literaturgeschichte und setzt dementsprechend mit dem Einzug von Massenproduktion und Industrialisierung in das Schlachtwesen ein, also etwa Mitte des 19. Jahrhunderts.

Methodisch soll zunächst ein kurzer Überblick über die Historie der Gewinnung von Fleisch durch Tierschlachtung gegeben werden, in dessen Rahmen besonders die Entstehung

---

[1] DUDEN: *Artikel: 'schlachten'*. online unter: http://www.duden.de/rechtschreibung/schlachten#Bedeutung1 (abgerufen am 25.05.2013, 21:03 h).
[2] BUNDESGESETZBLATT Jahrgang 2003 Teil I Nr. 32, S. 1242 vom 14. Juli 2003, zuletzt geändert durch Art. 7 Nr. 7 G zur Neuordnung d. Lebensmittel- u. FuttermittelR vom 1. 9. 2005 (BGBl. I S. 2618).

und Entwicklung der modernen Fleischindustrie beleuchtet wird. Daran schließt eine ausführliche Untersuchung der wichtigsten Vertreter der Schlachthausliteratur im Zeitalter des industriellen Schlachtens an. Auch wenn es sich bei der vorliegenden Arbeit um eine Abhandlung im Rahmen des Faches Germanistik handelt, fließen ebenso die signifikanten Werke internationaler Literatur zu diesem Themenkomplex ein. Eine Deutung der literaturgeschichtlichen Entwicklung des Schlachthausthemas lediglich im Hinblick auf deutsche bzw. deutschsprachige Quellen hat sich bereits im Vorfeld als zu eng gefasst und nicht repräsentativ erwiesen, da mehrfach Bezüge unter Werken verschiedener Sprachherkunft belegbar sind. Schwerpunktmäßig soll bei der Analyse besonderes Augenmerk auf die Darstellung des Schlachthauses und der in ihm stattfindenden Tätigkeit des Schlachtens gelegt werden, ebenso auf die für die Fleischproduktion essentiellen Akteure 'Mensch' und 'Tier'. Zudem werden die Werke auch hinsichtlich der Funktion des Schlachthausmotivs innerhalb der jeweiligen Gesamthandlung beleuchtet.

Selbstverständlich könnte nicht nur die Betrachtung des historischen Hintergrundes (Schlachthaus-Geschichte, Historie der Lebensmittelindustrie – also Herstellung und auch Handel), sondern insbesondere auch die literarische Verarbeitung nahezu grenzenlos ausgeweitet werden (gerade die neuzeitliche Literatur liefert eine Reihe an Beispielen[3]). Die vorliegende Arbeit will sich im Folgenden, neben der notwendigen historischen Grundlagenbetrachtung, jedoch besonders auf die bedeutenden Vertreter der Literaturgeschichte konzentrieren, die dieses recht spezielle Thema und seine literaturgeschichtliche Entwicklung und Rezeption maßgeblich geprägt haben. Insgesamt wird das Ziel verfolgt, die primäre Entwicklungsgeschichte des Schlachthaus-Motivs in der Literatur nachzuzeichnen.[4] Das Thema des Schlachthauses in der Literatur zeigt sich dabei als bisher höchstens am Rande erforscht, so dass in der vorliegenden Arbeit nur peripher auf entsprechende Forschungsliteratur zurückgegriffen werden kann, die die eigenen Untersuchungsergebnisse ergänzt.

---

[3] An dieser Stelle soll der Vollständigkeit halber auf das von Manuela Linnemann herausgegebene Werk *Der Weg allen Fleisches. Das Motiv des Schlachtens in der Literatur* verwiesen werden. Es eignet sich als rein aufzählender Sammelband für Quellenauszüge aus dem Themenkreis Schlachtung und Fleischkonsum, liefert jedoch, anders als im Titel suggeriert, keinerlei weitergehende Interpretationsvorschläge. Das der Textsammlung vorangestellte Vorwort der Herausgeberin fließt in diese Arbeit jedoch nicht ein, da Linnemann sich dort nicht wirklich neutral-wissenschaftlich mit dem Thema befasst, sondern lediglich Vegetarismus und Tierschutz bewirbt und den Textfundus als Beleg folgen lassen will (vgl. LINNEMANN, Manuela [Hrsg.]: *Der Weg allen Fleisches. Das Motiv des Schlachtens in der Literatur*, Erlangen 2006).

[4] Der schiere Umfang möglicher „Treffer" bei der reinen Recherche nach verwandten Begriffsnennungen würde ansonsten möglicherweise dazu führen, die Untersuchung durch allzu viele weniger bedeutende „Nebenschauplätze" zu verwässern.

2. Historischer Hintergrund: Zur Entwicklung von Fleischkonsum, Lebensmittelhygiene und Schlachtereiwesen

Schlachtungen zur Lebensmittelerzeugung (sowie für Opfer-Rituale) sind prinzipiell bereits seit dem Altertum bekannt, inklusive der hygienischen Zusammenhänge und gesundheitlicher Aspekte. Eine behördliche Aufsicht der Schlacht- und Viehmärkte kannten bereits die alten Griechen, ein organisiertes Metzgereiwesen spätestens das Römische Reich. Wie andere Handwerkergruppen schlossen sich auch die Metzger im Mittelalter und der frühen Neuzeit zu Zünften, später Innungen zusammen. Sie übernahmen die Versorgung der Bevölkerung mit Fleischprodukten und verwandten Lebensmitteln – eine Aufgabe, die mit der Zeit immer mehr von kommunaler Seite organisiert wurde. Geschlachtet wurde zunächst hauptsächlich auf Märkten oder Höfen, oder direkt in den Straßen und Gassen der Ortschaften, bis zur Einrichtung öffentlicher Schlachthäuser und staatlich sanktionierter Fleischbeschauer ab dem 14. Jahrhundert. Prinzipiell war das Schlachtwesen in Preußen seit dem 16. Jahrhunderts durch königliche Verordnungen limitiert, die gewährleisten sollten, dass Viehschlachtungen nun nur in staatlichen Betrieben durchgeführt wurden.[5]

Größere kommunale Schlachthäuser in Städten und Gemeinden kommen schließlich maßgeblich im 18. Jahrhundert auf, zum Teil mit getrennten Schlacträumen für die christlichen und jüdischen Bevölkerungsteile. Im Zuge der Gewerbefreiheit und den Preußischen Reformen entstehen ab 1810 auch private Schlachthöfe, die zunächst jedoch meist die notwendigen Hygieneansprüche nicht erfüllen konnten. Prägend für das Bild der deutschen und europäischen Städte sind große Viehmärkte, „Wursthöfe" und Markthallen, in denen die Lebensmittel- und Fleischproduktion, sowie die Weiterverarbeitung und der Verkauf auf herkömmlichen Handwerks- und Gewerbeniveau organisiert waren, und die meist noch in innerstädtischen Lagen situiert waren. Zuvor war es meist üblich gewesen, Vieh Zuhause auf dem eigenen Hof zu schlachten, oder die Schlachtung dort durch einen Metzger vornehmen zu lassen.[6]

Den spürbaren Einzug der Industrialisierung in den Schlachtbetrieb brachte das Städte- und

---

[5] KRÜGER, Cindy: *Die Geschichte des Lebensmittelhygienischen Instituts der Veterinärmedizinischen Fakultät der Universität Leipzig*, Dissertation, Leipzig 2007, S. 7 ff. sowie SCHLÜTER, Aline Silja: *Die amtliche Fleischuntersuchung der Tierart Rind in Deutschland: Retrospektiven, Status quo und Perspektiven*, Dissertation, München 2006, S. 11 f.

[6] MOHRMANN, Ruth E.: *„Blutig wol ist Dein Amt, o Schlachter..."* - *Zur Errichtung öffentlicher Schlachthäuser im 19. Jahrhundert*, in: Hessische Blätter für Volks- und Kulturforschung, Marburg 1991, S. 103 ff., MÖSCHNER, Günter: *1. März 1881: Eröffnung des „städtischen Central- Vieh und Schlachthofes"*, in: Berlinische Monatsschrift 3/1997, Berlin 1997, S. 5 ff., OBERT, Michael: *Schlachthof*, in: Hundert Jahre Bürgerverein Oststadt, Jubiläumsbuch 1996, Hrsg.: Bürgerverein Oststadt e.V., Karlsruhe 1996, S. 117 ff., sowie VETTER, Ute: *Schlachthofabriss. Blutige Geschichte*, online unter: http://www.fr-online.de/hanau/schlachthofabriss-blutige-geschichte,1472866,3207712.html (abgerufen am 20.05.2013, 18:20 h); vgl. auch PATTERSON, Charles: *"Für die Tiere ist jeden Tag Treblinka"* – *Über die Ursprünge des industrialisierten Tötens*, Frankfurt an Main 2004, S. 71 ff.

Bevölkerungswachstum, der damit einhergehende Hygieneanspruch sowie der weitere technologische Fortschritt des späten 19. und frühen 20. Jahrhunderts. Prägend war vor allem die Einführung der Fließbandtechnologie in die Massenproduktion durch Henry Ford, Frederick W. Taylor und andere in die Stahl- und Automobilindustrie, jedoch auch die Lebensmittelproduktion.[7] Ein Mitarbeiter Fords ließ sich gar für die seine Produktionsabläufe von dem, was er in den Schlachthöfen sah, inspirieren – den so genannten „disassembly lines".[8] Schlachthöfe mit ersten einfachen mechanischen Fließbandkonstruktionen entstanden schon um 1845 in den USA, in den Gewerbegebieten von Cincinatti, Ohio. 1866 entstand das große Schlachthaus Communipaw in New Jersey vor den Toren New Yorks.[9] Ohne Kühlmöglichkeiten konnten Tiere zunächst nur im Winter geschlachtet und Fleisch transportiert werden, zum Beispiel nach Europa und in die Karibik. Ebenfalls in den USA, im Ballungsgebiet von Chicago, Illinois, hielt die industrialisierte Fließbandproduktion in den Schlachthöfen Einzug – zur Jahrhundertwende um 1906 wurden dort in Großfabriken bis zu 12 Millionen Schweine, Rinder und Schafe im Jahr industriell geschlachtet.[10] Insgesamt fünf Großbetriebe konnten sich, analog zu anderen Industriezweigen, zügig als Marktführer etablieren und beschäftigten Tausende Arbeiter. Vorangegangen war dieser Entwicklung die Einführung von Eisenbahnkühlwagen um 1880, die die zentrale Schlachtung von Vieh in Chicago sowie den Weitertransport von zerlegten Fleischstücken ins Landesinnere erlaubte, und die klassische – wesentlich teurere und aufwendigere – Beförderung von lebenden Tieren zu den Endkonsumenten ablöste. Chicagos Bevölkerung wuchs dabei in der zweiten Hälfte des 19. Jahrhunderts von etwa 30.000 auf 1,7 Millionen Einwohner.[11] Der Prozess der Schlachtung und Zerlegung wurde durch die industrialisierte Herangehensweise in den Großbetrieben Chicagos zeitlich und preislich optimiert, es entstand gar ein beinahe marktbeherrschendes Kartell in der US-Fleischproduktion, der sogenannte „Beef Trust".[12] Neben der Lebensmittel-Fleischerzeugung umfassten die Produktionsabläufe bald auch alle erdenklichen Nebenprodukte, die sich aus Schlachtabfällen herstellen ließen, zum Beispiel Seifen, Leder,

7   KLÜVER, Reymer: *1906. Schlachthöfe – Tod am laufenden Band*, in: GEO EPOCHE. Das Magazin für Geschichte. Bd. 30: *Die Industrielle Revolution. Wie Dampf, Stahl und Strom die Welt veränderten*, Hamburg 2008, S. 160 sowie BUSCHMANN, Walter: *Schlachthof Aachen. Schlachthof als Gewerbe*, online unter: http://www.rheinische-industriekultur.de/objekte/aachen/Schlachthof/Schlachthof.html (abgerufen am 19.05.2013, 19:35 h).

8   KREITLING, Holger: *Industriegeschichte: Das Vorbild des Fließbands ist der Schlachthof*, auf WELT ONLINE, online unter: http://www.welt.de/kultur/history/article13416694/Das-Vorbild-des-Fliessbands-ist-der-Schlachthof.html (abgerufen am 20.05.2013, 18:10 h).

9   MEISNER ROSEN, Christine: *The Role of Pollution Regulation and Litigation in the Development of the U.S. Meatpacking Industry, 1865-1880*, New York 2007, S. 297 ff.

10   KLÜVER, Reymer: *1906. Schlachthöfe – Tod am laufenden Band*, S. 152 ff.

11   KLÜVER, Reymer: *1906. Schlachthöfe – Tod am laufenden Band*, S. 153 f.

12   KLÜVER, Reymer: *1906. Schlachthöfe – Tod am laufenden Band*, S. 156.

Klebstoffe, Zahnbürsten, Gelantine oder auch Violinsaiten.[13] Die wirtschafts- und arbeitspolitische Situation geriet erstmals in den Fokus der Öffentlichkeit, neben US-Präsident Theodore Roosevelt befasste sich auch der Schriftsteller Upton Sinclair öffentlichkeitswirksam mit der Thematik (vgl. 3.4). 1906 wurden die ersten entsprechenden Verbraucherschutzgesetze der USA vom Kongress verabschiedet.[14]

Die deutsche und europäische Entwicklung des Schlachtgewerbes wurde zwar von den technologischen Erfahrungen der US-Industrie maßgeblich geprägt, dennoch wurden die Schlachthöfe selten privatisiert, sondern eher in staatlicher bzw. kommunaler Hand betrieben. In zahlreichen deutschen Städten und Ballungsräumen entstanden zum Ende des 19. Jahrhunderts Schlachthöfe auch nach US-amerikanischem Vorbild, wenngleich Bauinspirationen besonders dem französischen Schlachthoftyp mit stärker separierten Gebäuden folgten, der im Ursprung noch auf einen Erlass Napoleons I. zurückging und sich im großangelegten Pariser Schlachthof La Villette manifestierte.[15] Prominente Beispiele waren unter anderem der Zentralvieh- und Schlachthof Berlins, der in der zweiten Hälfte des 19. Jahrhunderts eröffnet und dessen Planung maßgeblich vom bekannten Mediziner und Naturwissenschaftler Rudolf Virchow mit angestoßen wurde, der Aachener Schlachthof, mit dessen Planungen 1877 begonnen wurde und der in den 1890er Jahren in Betrieb ging, der Schlacht- und Viehhof München, der Alte Karlsruher Schlachthof sowie der von der örtlichen Metzgerinnung initiierte und 1884 eröffnete Schlacht- und Viehhof Frankfurts, der zu den modernsten und größten Europas zählte und die Stadt am Main zu einem Hauptumschlagplatz des Viehhandels in Süddeutschland machte.[16] In Sachen Verbraucherschutz stellte die mit dem Reichsfleischbeschaugesetz vom 3. Juni 1900 initiierte amtliche Fleischuntersuchung die wichtigste Kontrollinstanz zwischen Primärproduktion und Verbraucher dar.[17]

In heutiger Zeit – viele der ursprünglichen traditionellen Schlachthöfe wurden bereits

13 KLÜVER, Reymer: *1906. Schlachthöfe – Tod am laufenden Band*, S. 162.

14 KLÜVER, Reymer: *1906. Schlachthöfe – Tod am laufenden Band*, S. 157 sowie S. 162.

15 MOHRMANN, Ruth E.: *„Blutig wol ist Dein Amt, o Schlachter…"*, S. 103 ff.

16 Vgl. AYBAR, Canan-Aybüken: *Geschichte des Schlacht- und Viehhofes München*, München 2005, BUSCHMANN, Walter: *Schlachthof Aachen. Schlachthof als Gewerbe*, online unter: http://www.rheinische-industriekultur.de/objekte/aachen/Schlachthof/Schlachthof.html (abgerufen am 19.05.2013, 19:35 h), LERNER, Franz: *Ein Jahrhundert Frankfurter Fleischversorgung. Festschrift zum 100jährigen Bestehen d. Fleischerinnung u. d. Schlacht- und Viehhofs 1884-1984*, Frankfurt 1984, MÖSCHNER, Günter: *1. März 1881: Eröffnung des „städtischen Central- Vieh und Schlachthofes"*, S. 5 ff. und OBERT, Michael: *Schlachthof*, S. 117 ff. sowie SCHINDLER-REINISCH, Susanne: *Berlin-Central-Viehhof. Eine Stadt in der Stadt*, Berlin 1996, u.a.

17 SCHLÜTER, Aline Silja: *Die amtliche Fleischuntersuchung der Tierart Rind in Deutschland*, S. 9.

geschlossen – fügt sich die deutsche Lebensmittelproduktion und damit auch das Schlachtwesen umfassend in internationale Produktionsprozesse ein, hierzulande in der Regel zusätzlich zu den Vorgaben des hiesigen Rechts auch gemäß den Richtlinien der Europäischen Union. Neben der Frage wirtschaftlich effizienter Produktionsprozesse spielen in jüngster Zeit auch Fragen der besonderen Produktqualität, des Tierschutzes und der Nachhaltigkeit eine enorm verstärkte Rolle.[18]

---

[18] Vgl. z.B. KUHRT, Nicola: *Fleischindustrie: Regierung rügt Tierquälerei in Schlachthöfen*, online unter: http://www.spiegel.de/wissenschaft/natur/schlachthoefe-arbeiten-mit-hoher-fehlerquote-tiere-leiden-unnoetig-a-840156.html (abgerufen am 19.05.2013, 20:40 h), LÜTGE, Gunhild: *Fleischwirtschaft: Die Schlächter...*, online unter: http://www.zeit.de/2012/09/Fleisch-Schlachten/komplettansicht (abgerufen am 18.05.2013, 16:20 h).

3. Das Motiv des Schlachthauses in der Literatur

3.1 „*Eine Mustermordanstalt*" von Carl Daniel Adolf Douai (1867)

Die Fleischgewinnung ist seit jeher eine der Hauptstützen der Nahrungsversorgung in menschlichen Gesellschaften. Der Prozess der Tierschlachtung und Fleischverarbeitung war vor der Entwicklung des industriellen Schlachtens im 19. Jahrhundert durch das öffentlichere Töten der Tiere, beispielsweise auf Straßen oder Höfen, im Alltag der Menschen wesentlich präsenter als zu Zeiten der für die Öffentlichkeit kaum zugänglichen Schlachthäuser des späten 19. sowie 20. und 21. Jahrhunderts. Das Wesen des Schlachtens und die damit möglicherweise verbundenen moralischen Implikationen – immerhin werden zum Zwecke der menschlichen Ernährung andere Lebewesen systematisch getötet – hat das Interesse der Menschen schon früh geweckt, dementsprechende Diskurse sind keine Erfindung nur jüngster Zeit. Dies belegt die Verarbeitung solcher Themenkomplexe in der Literatur verschiedenster Jahrhunderte. So diskutiert bereits Rousseau die Notwendigkeit des Fleischverzehrs, indem er sich gar auf den griechischen Schriftsteller Plutarch beruft.[19] Auch bei Goethe findet sich eine kurze, jedoch prägnante Beschreibung der provisorisch anmutenden Tötung von Schweinen in den Tempelruinen bei Rom.[20] Hermann Melvilles *Moby Dick* (1851) enthält ebenso wie Theodor Fontanes *Meine Kinderjahre* (1894) kurze, traditionell gehaltene Schlachtungsszenen[21], und auch in der russischen Literatur findet sich dieses Motiv, wenn Leo Tolstoi in *Grausame Genüsse* (1895) eine Tierschlachtung thematisiert, wobei er hier speziell den Sinn jeglicher Tiertötung für die Ernährung diskutiert.[22] Mit dem Einzug der Industrialisierung in den Schlachtbetrieb hält schließlich auch diese neue, auf Effizienz und Wirtschaftlichkeit ausgerichtete Form der Fleischproduktion Einzug in die Literatur.

Im Jahre 1867 erschien in der Leipziger Familienzeitschrift *Die Gartenlaube* Carl Daniel Adolf Douais Erfahrungsbericht *Eine Mustermordanstalt*[23]. Der Text ist unter den hier besprochenen Werken vielleicht der unbekannteste, dennoch ist er entscheidend und prägend für die Ausführlichkeit der Ausdeutung moderner Fleisch-Lebensmittelgewinnung; er ist der

---

[19] Siehe dazu ROUSSEAU, Jean-Jacques: *Emil oder Über die Erziehung*, 13. Auflage, Paderborn 1998, S. 144-146.

[20] Siehe dazu GOETHE, Johann Wolfgang von: *Tischbeins Zeichnungen des Ammazzaments der Schweine in Rom*, in: Goethe's Werke. Vollständige Ausgabe letzter Hand, 44. Band, Stuttgart/ Tübingen 1833, S. 209-211.

[21] Siehe dazu MELVILLE, Herman: *Moby Dick (1851)*, Frankfurt am Main 2004 und FONTANE, Theodor: *Meine Kinderjahre. Autobiografischer Roman*, Berlin 1894.

[22] TOLSTOI, Leo N.: *Grausame Genüsse*, Berlin 1895, S. 37 ff.

[23] Der Titel wird im Folgenden verkürzt als *Mustermordanstalt* wiedergegeben.

erste, der das Thema Schlachthaus explizit thematisiert und in den Mittelpunkt rückt. Zudem unterscheidet er sich als Zeitungsartikel und Erfahrungsbericht auch hinsichtlich der Gattung von den meisten weiteren behandelten Texten, die ansonsten allesamt weitestgehend fiktive Werke der Literatur darstellen. Der politisch eher sozialistisch orientierte Journalist und Lehrer Douai wurde im heutigen Deutschland geboren.[24] Nach der Vormärz-Revolution von 1848 ging er ins Exil in die USA, wo er die „San Antonio Zeitung" herausbrachte.[25] Ab 1860, sieben Jahre vor der Veröffentlichung der *Mustermordanstalt*, lebte Douai in New York.[26] Jener Text, den er für die deutsche Familienzeitschrift schrieb, befasst sich mit dem neuen Schlachthof eben dieser Stadt und stellt ihn den deutschen Lesern beschreibend, aber auch kommentierend vor. Er zeigt zunächst auf, wie durch politischen Maßnahmen eine Entwicklung weg von hunderten kleinen, dezentralisierten und über das ganze Stadtgebiet New Yorks verstreuten Schlachtereien hin zu einem großen, zentralen Schlachthof außerhalb der Stadt erreicht werden konnte – in Communipaw, einem Stadtteil von New Jersey vor den Toren New Yorks. So konnte eine geregelte Überwachung der Hygienestandards und eine effektivere Produktion gewährleistet werden. Nach einer kurzen Darlegung der alten Verhältnisse in New York, wo durch die vielen kleinen Schlachtereien mitten in der Stadt vielfältige Probleme bezüglich Hygiene, Fleischqualität und Behandlung des Schlachtviehs alltäglich waren, folgt eine umfangreiche, dezidierte Beschreibung des neuen Schlachthauses. Der Autor geht detailliert auf die Arbeitsabläufe ein, insbesondere die des Schlachtprozesses, sowie auf Verwaltungshintergründe und Hygienemaßnahmen, einschließlich einer präzisen Angabe von Gebäudegrößen, Produktions- und Verarbeitungszahlen, sowie Umsätzen.

In seiner *Mustermordanstalt* beschreibt Douai folglich zwei einander kontrastierend gegenüber gestellte Schlachthaus-Systeme und die in ihnen ablaufenden Schlachtprozesse. Die derart arrangierte Gegenüberstellung ermöglicht dem Leser, die Veränderungen und Verbesserungen, die das neue Schlachthaus im Vergleich zu den traditionellen innerstädtischen Einrichtungen aufweist, zu erkennen und zu bewerten.

Bei der kurzen Beschreibung der bis dato in New York üblichen Schlachthöfe legt Douai besonderes Augenmerk auf die unhygienische Entsorgung der bei der Schlachtung zurückbleibenden Abfälle. Diese wurden laut Douai üblicherweise lediglich in Flüssen

---

[24] GÜNTHER, Karl-Heinz: *Interdependence between Democratic Pedagogy in Germany and the Development of Education in the United States in the Nineteenth Century*, in: Geitz, Henry/Heideking, Jürgen/ Herbst, Jürgen (Hrsg.): German Influences on Education in the United States to 1917, Cambridge 1995, S. 48 und REITZ, Charles: *Horace Greeley, Karl Marx and German 48ers: Anti-Racism in the Kansas Free State Struggle, 1854-64*, in: Bouvier, Beatrix u.a. (Hrsg.): Marx-Engels Jahrbuch 2008, Berlin 2009, S. 30.

[25] HONECK, Mischa: *We are the Revolutionists. German-speaking Immigrants and American Abolitionists after 1848*. Athens (Georgia) 2011, S. 42.

[26] GÜNTHER, Karl-Heinz: *Interdependence between Democratic Pedagogy in Germany and the Development of Education in the United States in the Nineteenth Century*. S. 49.

entsorgt, wo die Gedärme der Tiere „oft wochenlang mit Ebbe und Fluth an allen Ufern umherschwammen".[27] Blut und andere Schlachtrückstände flossen durch die Rinnsteine auf den Straßen und letztlich in die städtische Kanalisation. Die daraus resultierende drastische Verschmutzung der Straßen wurde nicht verbessert durch den Umstand, dass die Anlieferung des Schlachtviehs erfolgte, indem die Tiere in Herden durch die Straßen bis zu den Schlachthäusern getrieben wurden. Douai betont stets, dass sich diese Verschmutzung inmitten des Stadtgebiets abspielte, in direkter Nähe zur Bevölkerung. Der Kommentar des Autors, dass der daraus resultierende Gestank „gefährlich"[28] sei, belegt, dass Douai sich der Gefährdung, die von einer derartigen Entsorgung und Verschmutzung für die Gesundheit der Anwohner ausgeht, durchaus bewusst war.[29]

Eine Sensibilität für entsprechende Themen, die solche Hygienezustände in direktem Zusammenhang mit Krankheiten sehen, zeigt der Autor auch hinsichtlich der Fleischqualität und der von minderwertigem Fleisch ausgehenden Risiken. So beschreibt Douai die schlechten Bedingungen, unter denen das New Yorker Schlachtvieh einstmals gehalten wurde. Nach langem Transport per Zug, auf dem nicht für das leibliche Wohl der Tiere gesorgt werden kann, werden sie in den engen und schlecht belüfteten Schlachthäusern der Stadt ebenso widrig untergebracht und in „fieberhaftem Zustand" umgehend geschlachtet. Der Autor zieht hier das Fazit, dass „das Fleisch dieser Thiere unmöglich gesund sein"[30] könne. Douai weiß folglich um den Einfluss, den die Haltung auf die Gesundheit des Schlachtviehs hat, und dass diese wiederum die Qualität des Fleisches beeinflusst, sowie auch, dass mangelnde Hygiene allgemein und speziell im Schlachthof ein gesundheitliches Risiko birgt. Dass Epidemien zur Zeit der Entstehung der *Mustermordanstalt* noch hoch aktuell und die von Douai aufgezeigten Kontexte ebenso der US-Politik bewusst sind, zeigt auch der Textbeginn. Hier gibt Douai die Choleraausbrüche in New York als Grund an, dass die Stadt gesäubert und im Zuge dessen die Errichtung eines zentralen Schlachthofes überhaupt seitens der Behörden durchgesetzt wurde. Während dieser Modifizierung des Schlachthauswesens seien zudem Unmengen an Fleisch vorsorglich vernichtet worden – ob es verdorben oder gar verseucht war, sagt Douai nicht. Auffällig ist hier, dass der Autor im Folgenden zwar betont, dass sowohl die Sauberkeit als auch die Tierhaltung im neuen Schlachthof grundlegend verbessert und die Fleischqualität daher gesteigert werden konnte.

---

27 DOUAI, Carl Daniel Adolf: *Eine Mustermordanstalt*, in: Die Gartenlaube. Illustriertes Familienblatt, Leipzig 1867, Nr. 48, S. 759.
28 DOUAI, Carl Daniel Adolf: *Eine Mustermordanstalt*, S. 759.
29 DOUAI, Carl Daniel Adolf: *Eine Mustermordanstalt*, S. 759.
30 DOUAI, Carl Daniel Adolf: *Eine Mustermordanstalt*, S. 759.

Eine geregelte Kontrolle der Tiere und des Fleisches fand scheinbar jedoch dennoch nicht statt. Eine gesetzliche Vorgabe zur Fleischkontrolle[31] existierte hier noch nicht.[32]

Die Beschreibung des neuen Schlachthofes fällt im Gegensatz zur Darlegung der früheren Verhältnisse in New York überaus umfassend und ausführlich aus. Douai legt bis ins kleinste Detail dar, wie das Schlachthaus gelegen und aufgebaut ist. Dies umfasst zum eine die genaue Schilderung der außerhalb der Stadt situierten Anlage, wie viele Gebäude sich hier finden, wie viele Stockwerke diese jeweils aufweisen und welche Funktion sie erfüllen. Selbst die Maße der Bauten gibt Douai hier an. Zum anderen erläutert der Autor die Abläufe innerhalb des Betriebs sehr präzise. Dabei fällt auf, dass es sich im neuen New Yorker Schlachthof, dem Communipaw Abattoir, bereits um einen teilweise mechanisierten Arbeitsprozess handelt. Jegliche Lasten werden mit Hilfe einer Dampfmaschine bewegt. Auch der Schlachtprozess selbst wird als fortschrittlich geschildert, da er unter einer großen Anzahl an Schlachtern arbeitsteilig organisiert ist. Die so entstehende Geschicklichkeit, die jeder einzelne Arbeiter bei dem ihm zugeteilten Arbeitsschritt erwirbt, beschleunigt die Schlachtung deutlich. Eine weitere Innovation findet sich auch auf dem Gebiet der Hygiene: Im Kontrast zu den nahezu gesundheitsschädlichen Zuständen, die noch in den dezentralisierten Schlachthöfen herrschten, wird der Reinlichkeit hier eine weit größere Bedeutung beigemessen. Neben der mehrmals täglich durchgeführten Säuberung der Bauten werden nun auch die Schlachtabfälle entsorgt und gelangen so nicht mehr in Kanalisation oder Fließgewässer. Auch für eine gute Lüftung der Gebäude wird stets gesorgt, ein Gestank wie in und um die alten Schlachthäuser kann sich nicht entwickeln. Auch im Hinblick auf die Tierhaltung zeigt sich eine sichtbare Verbesserung: Es wird nun für ausreichend Bewegungsfreiheit sowie Futter und Wasser gesorgt. Eine Schlachtung in „fiebrigem" Zustand findet nicht mehr statt, da sich die Tiere nach dem Transport ausruhen können.[33]

Die Tötung des Schlachtviehs nimmt innerhalb der Schlachthausbeschreibung noch einmal einen gesonderten Platz ein, da dieser Prozess von Douai mit besonderer Ausführlichkeit dargelegt wird. Nachdem präzise angegeben wird, wie viel Zeit die Schlachtung der einzelnen Tierarten in Anspruch nimmt und wie viele Schlachter daran

---

[31] Eine erste gesetzliche Regelung zur Kontrolle geschlachteter Tiere folgt 1890 in Form des 'Meat Inspection Act'. Zuvor hatten einige europäische Länder, darunter auch Deutschland, den Fleischimport aus den USA aus Sorge um eine Trichinose-Übertragung zeitweise eingeschränkt. Eine weitere gesetzliche Regelung wird im Zuge der Diskussion um Upton Sinclairs *The Jungle* erlassen, wie in der vorliegenden Arbeit noch erläutert werden wird (vgl. 3.4). Siehe hierzu: HAMOWY, Ronald: *Government and Public Health in America*, Cheltenham 2007, S. 126-128.

[32] DOUAI, Carl Daniel Adolf: *Eine Mustermordanstalt*, S. 759 f.

[33] DOUAI, Carl Daniel Adolf: *Eine Mustermordanstalt*, S. 760 f.

beteiligt sind, folgt die genaue Wiedergabe der bei der Schlachtung durchgeführten Arbeitsschritte.[34]

> „Das Tödten der Rinder geschieht entweder durch den Spieß oder durch das lange Messer, je nach Belieben der Schlächter. Im erstern Falle wird das Thier in einen engen Anbau mit zwei Thüren getrieben. Sobald es durch die eine eintritt – und man muß sehen, mit welcher Gladiatorenwürde es geschieht, trotzdem so wenige Zuschauer dabei sind, die Beifall klatschen könnten – senkt sich von oben herab ein Spieß, den ein auf einer Planke stehender En-gros-Mörder mit unfehlbarer Sicherheit handhabt, ihm in's Genick, an der Stelle, wo das Hinterhaupt an den obersten Halswirbel und das kleine Gehirn an das Rückenmark stößt, und lautlos und ohne Zuckung stürzt es in sich zusammen. Sofort öffnet sich die vordere Thür, und ein anderer Barbar bringt ein Ende des obenerwähnten Riemens herein mit einer Schlinge daran, die um ein Hinterbein geschlungen wird und den Stier in das eigentliche Schlachthaus hereinzieht, um 'dressed', aufgeputzt, zu werden. Sollte der Spieß ja einmal fehlgehen, so empfindet das Thier ebenfalls keinen Schmerz, weil er blos zwei Zoll tief eindringen, also die Fettschicht nicht durchbohren und Blut hervorlocken kann. Im andern Falle tritt der Stier beim Anlangen durch die Hinterpforte sogleich in die bereitliegende Schlinge und es öffnet sich behend das zweite Thor, und ehe er sich's versieht, baumelt er in der Luft, den Kopf nach unten, und ein blutdürstiger Künstler hat ihm in dieser wehrlosen Haltung die ganze Kehle mit einem langen Messer durchschnitten."[35]

Zentral ist bei dieser Schilderung, dass durch die neuartige Art des Schlachtens das Leid der Tiere quasi verhindert werden soll. Wie schon bei der Beschreibung der Schlachthofanlage bleibt Douai auch hier überwiegend neutral und distanziert, wenngleich er bewusst einige ironische Spitzen einbaut. Die natürlichen Begleitumstände einer Tötung, beispielsweise fließendes oder spritzendes Blut sowie postmortale Zuckungen des Tiers, kommen jedoch nicht vor. Der Prozess erscheint beinahe steril. Die Gesamtbeschreibung der Schlachtung steht dabei im Kontrast zur anatomisch präzisen Beschreibung jenes Momentes, wenn der Schlachter den Spieß in den Nacken des Rindes stößt. Der Augenblick des Todes wird so gesondert hervorgehoben. Aus der sonst recht distanzierten Erzählweise heben sich zudem Passagen ab, in denen der Autor das Geschehen deutlich ironisch kommentiert. So wird dem Schlachtvieh eine „Gladiatorenwürde" zugeschrieben und sein Tod sarkastisch als dem Tier durch die innovative Schlachttechnik überaus „leicht gemacht" bezeichnet.[36] Douai zitiert gar Goethes *Faust*:

> „Der Augenblick des Hinscheidens ist so wenig schmerzlich, man hört so wenig einen Klagelaut, daß ein unbetheiligter Zuschauer an das Goethe'sche Wort erinnert wird: 'Ich möchte zu dem Augenblicke sagen: o weile doch, du bist so schön!'"[37]

Somit stellt der Autor zunächst die Innovationen des neuen Schlachthauses im Vergleich zu

---

[34]   DOUAI, Carl Daniel Adolf: *Eine Mustermordanstalt*, S. 761.
[35]   DOUAI, Carl Daniel Adolf: *Eine Mustermordanstalt*, S. 761.
[36]   DOUAI, Carl Daniel Adolf: *Eine Mustermordanstalt*, S. 761.
[37]   DOUAI, Carl Daniel Adolf: *Eine Mustermordanstalt*, S. 761.

den früheren Einrichtungen als deutliche Verbesserung heraus, zum einen hinsichtlich der Wirtschaftlichkeit, da durch Arbeitsteilung und Maschinisierung größere Gewinnspannen erzielt werden können – ein Fakt, den Douai anhand genauer Zahlen zu Kosten und Einnahmen belegt –, und zum anderen hinsichtlich der erzielten Fleischqualität, da die neuartige Produktion in „gesündere[m] Fleisch[]"[38] resultiert. Die hier herausgestellte humanere, weil schmerzfreie Schlachtung wird vom Autor einerseits als wesentlicher Fortschritt gepriesen. Gleichzeitig wird die Möglichkeit, dass die Tötung eines Wesens überhaupt human sein kann, durch Douais ironische Bemerkungen quasi infrage gestellt. Die Tatsache, dass gerade dieser Aspekt innerhalb der ausschweifenden Schlachthausbeschreibung kommentiert wird, lässt darauf schließen, dass das Tier als wesentlicher Bestandteil jeden Schlachthauses für den Autor besonders interessant ist.

Betrachtet man die wiedergegebene Rolle des Tieres innerhalb des Schlachtprozesses, so fällt auf, dass Douai immer wieder dessen Behandlung durch den Menschen thematisiert. Schon bei den dezentralisierten Schlachthöfen geht er auf das Leid ein, dass die Tiere sowohl vor als auch während der Schlachtung empfinden. Douai bezieht die Aussagekraft der Schlachtung hier sogar auf die moralische Verfassung der Gesellschaft, in der sie stattfindet:

> „Endlich war die Grausamkeit, mit welcher diese Thiere behandelt wurden, ganz besonders auch beim Schlachten selbst, ein für die Sittlichkeit der Bevölkerung verderbliches Beispiel, abgesehen von den unnöthigen Qualen der armen Schlachtopfer selbst."[39]

Die Behandlung der Tiere gewinnt so auch neben ihrer Wirkung auf die Fleischqualität an Bedeutung. Wenn der Autor von der Schlachtung als ein Prozess spricht, bei dem das Tier „entseelt"[40] wird, dann offenbart Douai hier eine ganz besondere Ansicht. Er spricht dem Schlachtvieh somit eine Seele zu, etwas, das sonst eigentlich nur den Menschen vorbehalten ist. Das Tier wird somit drastisch zu einem leidens- und empfindungsfähigen Wesen aufgewertet. Folgt man dieser Deutung, dann bekommt der vordergründig so neutral gehaltene Text eine vollkommen neue Brisanz. Ist das Schlachtvieh ein beseeltes Wesen, dann kann seine Schlachtung nur als Mord und somit als Straftat kategorisiert werden. Diese Deutung bestätigt sich, da die Schlachter in der Schilderung des Tötungsprozesses als „En-gros-Mörder", „Barbar" und „blutdürstende[] Künstler" benannt werden. Passend dazu spricht der Text zugleich von den Tieren als „Opfer"[41]. Obwohl sowohl Tier als auch Mensch

---

[38] DOUAI, Carl Daniel Adolf: *Eine Mustermordanstalt*, S. 761.
[39] DOUAI, Carl Daniel Adolf: *Eine Mustermordanstalt*, S. 760.
[40] DOUAI, Carl Daniel Adolf: *Eine Mustermordanstalt*, S. 761.
[41] DOUAI, Carl Daniel Adolf: *Eine Mustermordanstalt*, S. 761.

ansonsten im gesamten Text lediglich distanziert und neutral wie beliebige, exemplarisch aufgezeigte, emotionslose Bestandteile der Schlachtungsmaschinerie beschrieben werden, gelingt es Douai, durch diese bewusst gesetzten Charakterisierungen eine unterschwellige, aber nicht zu übersehende Kritik an der Schlachtung von Tieren per se anzubringen. Diese Kritik wird sogar noch ausgeweitet: Douai bezieht offen Partei für die Tiere, wenn er es als gerecht bewertet, dass diese durch die fortschrittliche Schlachttechnik schneller sterben würden als so mancher Fleischkonsument.[42]

> „So leicht stirbt wohl keiner von Denen, die an seinem Tode schuld sind, keiner von Denen, in deren Mägen er spaziert und deren Tage er verlängern hilft. Man sieht, es giebt doch noch poetische Gerechtigkeit in der Welt!"[43]

Dieser Kommentar kann einerseits als Zeichen des Mitleids für das Schlachtvieh gedeutet werden. Darüber hinaus erlaubt der Autor sich hier gar Kritik an den Konsumenten und gleichsam dem Fleischverzehr selbst. Eine scheinbare Distanzierung von eben diesem Fleischkonsum bestätigt sich am Ende des Textes, wenn Douai betont, wie das „fleischessende [...] New Yorker Publicum"[44] von den Errungenschaften des Schlachthofes profitiere.[45] Die Formulierung impliziert, dass es auch Teile der Bevölkerung gibt, die kein Fleisch konsumieren. Dass Douai sich zu dieser Gruppe zugehörig fühlen könnte, bleibt jedoch Spekulation; eine vegetarische Lebensweise des Autors ist nicht belegt.

Der Text rühmt somit die vorbildlichen technischen und wirtschaftlichen Verbesserungen, die durch den neuen Schlachthof erreicht werden konnten, kritisiert jedoch im selben Moment die Schlachtung von Tieren und somit das essentielle Wesen eines jeden fleischverarbeitenden Betriebs. Diese Ambivalenz in sich wird durch den Titel *Eine Mustermordanstalt* treffend zugespitzt.

Durch die detailgetreue Beschreibung des Schlachthofes sowie durch die Darlegung der politischen und gesellschaftlichen Umstände, die die Umorganisation der Fleischindustrie und die Reinigung der Stadt ermöglicht haben, kommt Douai mit seiner *Mustermordanstalt* klar dem Bildungsgedanken nach, der für Familienzeitschriften wie *Die Gartenlaube* charakteristisch ist.[46] Der deutsche Leser lernte so die Fortschritte kennen, die New York auf diesem Gebiet erzielt hat. Douais Text könnte in seiner Wirkung auf den

---

[42] DOUAI, Carl Daniel Adolf: *Eine Mustermordanstalt*, S. 760 f.
[43] DOUAI, Carl Daniel Adolf: *Eine Mustermordanstalt*, S. 761.
[44] DOUAI, Carl Daniel Adolf: *Eine Mustermordanstalt*, S. 761.
[45] DOUAI, Carl Daniel Adolf: *Eine Mustermordanstalt*, S. 761.
[46] FAULSTICH, Werner: *Medienwandel im Industrie- und Massenzeitalter (1830-1900)*, Göttingen 2004, S. 63.

zeitgenössischen deutschen Leser jedoch über das bloße Kennenlernen ausländischer Errungenschaften hinausgehen.

Zur Zeit der Textveröffentlichung unterscheidet sich die Situation im deutschen Raum47 sichtlich von dem durch den neuen Schlachthof in New York etablierten Zustand. Es treten immer wieder Epidemien auf, beispielsweise Trichinose, die durch Erreger im Fleisch ausgelöst werden.48 Zwar machte die deutsche Wissenschaft bei der Erforschung der Seuchen Fortschritte und konnte einige im Fleisch auftretende Krankheitserreger ermitteln, eine effektive Nutzung der wissenschaftlichen Kenntnisse zur Epidemieprävention wurde jedoch vorerst durch die Fleischer weitestgehend boykottiert.49 Ein erster wirklicher Fortschritt stellt erst das „Preußische Gesetz betreffend die Einrichtung öffentlicher, ausschließlich zu benutzender Schlachthäuser" dar, mit dem ein Jahr nach der *Mustermordanstalt* der Schlachthauszwang in Preußen eingeführt wird.50 Zu beachten ist, dass die gesetzliche Vorgabe hier nun konsequenter ausfällt als im von Douai beschriebenen New York, wo neben dem neuen Schlachthaus noch einige innerstädtische Einrichtungen weiter betrieben werden durften.51 Erste wirkliche Regelungen der hygienischen Standards in der Fleischproduktion folgen erst mit der Jahrhundertwende und galten nun einheitlich für das gesamte 1871 gegründete Deutsche Reich, das damit anderen Staaten durchaus voraus war.52 Douais Leserschaft muss die deutliche Diskrepanz bezüglich hygienischer Vorschriften und technischer Standards im eigenen Land im Vergleich zu Amerika aufgefallen sein. Eine mögliche Intention des Autors könnte es daher gewesen sein, die Leser in seinem ehemaligen Heimatland für die Probleme der Fleischindustrie hinsichtlich Hygiene, Gesundheit und auch der Behandlung der zu schlachtenden Tiere zu sensibilisieren und bei ihnen ein entsprechendes Problembewusstsein zu schaffen. In seinen detaillierten Beschreibungen gibt Douai dem zeitgenössischen Leser mit seiner *Mustermordanstalt* buchstäblich eine Anleitung zur Hand, welche baulichen sowie wirtschaftlichen Kriterien ein modernes Schlachthaus aufweisen muss. Auch in gesellschaftlicher und politischer Hinsicht zeigt der Text eine Art

---

47 Da es sich bei der vorliegenden Arbeit um eine literaturwissenschaftliche Untersuchung handelt, wird die historische Situation hier lediglich durch die Aufzählung einiger für das Thema signifikanter Eckpunkte angerissen, um einen Eindruck vom möglichen Erfahrungshorizont der Leserschaft zu vermitteln. Auch wenn die *Gartenlaube* in Leipzig publiziert wurde, umfasst die historische Einordnung die deutschsprachigen Gebiete allgemein, da eine zu eng gefasste Betrachtung aufgrund der politischen und geografischen Lage der deutschen Staaten und der daraus resultierenden Wechselwirkung untereinander, z.B. im Bereich der Forschung und Medizin, nicht sinnvoll wäre.

48 KRÜGER, Cindy: *Die Geschichte des Lebensmittelhygienischen Instituts der Veterinärmedizinischen Fakultät der Universität Leipzig*, S. 16 f. und S. 21.

49 KRÜGER, Cindy: *Die Geschichte des Lebensmittelhygienischen Instituts der Veterinärmedizinischen Fakultät der Universität Leipzig*, S. 16-19.

50 EINSCHÜTZ: Kathrin: *Wirksamkeitsprüfung verschiedener Verfahren zur Verminderung der Keimbelastung auf Handgeräten der Fleischgewinnung*, Berlin 2004, S. 3.

51 DOUAI, Carl Daniel Adolf: *Eine Mustermordanstalt*, S. 760.

52 EINSCHÜTZ: Kathrin: *Wirksamkeitsprüfung verschiedener Verfahren zur Verminderung der Keimbelastung auf Handgeräten der Fleischgewinnung*, S. 4.

Lösungsvorschlag auf, wie das Hygieneproblem in den Schlachthöfen sowie in den Städten gelöst und mögliche Seuchen verhindert werden können: Douai berichtet, wie in New York eine gründliche Säuberung der Stadt und die Umorganisation der Fleischindustrie durchgeführt wurde. Durch den Gebrauch von Ironie bei der Beschreibung des Verhaltens der New Yorker Bürger und Behörden vor der Säuberung der Stadt und der Errichtung des Schlachthauses – die Straßenreinigung wird nicht durchgeführt, Wähler lassen ihre Stimme von Politikern kaufen – werden diese recht negativ charakterisiert.

> „Natürlich hätten es die städtischen Behörden und die Bürger selbst nicht fertig gebracht; denn welcher billig denkende Mensch hätte es dem Unternehmer, der über eine halbe Million Dollars jährlich für Straßenreinigung bezieht, zumuthen können, die Straßen allen Ernstes fegen zu lassen, wenn er zwei Drittel der Contractsumme in die Taschen der Stadtväter und ihrer Helfershelfer abliefern muß und wenn er das dritte Drittel nothwendig für sich selbst braucht? Und wie konnte man von den wohlbestallten städtischen Gesundheitsbeamten verlangen, daß sie Schlachthäuser [...] und andere gesundheitsgefährliche Gewerbe aus dem städtischen Weichbilde auswiesen, wenn sie von den Inhabern derselben so schöne Renten für Duldung derselben bezogen, aus deren Ertrag sie und ein langer Schweif hungriger Politiker ihren Lebensunterhalt deckten? Wie sollten endlich die stimmberechtigten Bürger in ihrer souveränen Machtfülle etwas zur Abwehr der Cholera thun, wenn sie in ihrer Mehrheit Irländer sind, von jedem denkbaren öffentlichen Mißbrauch Vortheil ziehend und gelenkt von einer kleinen Schaar demagogischer Leithämmel, denen sie um so gewissenhafter ihre Stimmen verkaufen, je besser diese für dieselben bezahlen?"[53]

Mittels dieser negativen Charakterisierung wird der Leser dazu gebracht, über seine eigene Einstellung gegenüber derartigen Verbesserungen nachzudenken; außerdem wird so eventuell zukünftig eine angemessenere und vernünftigere Reaktion der Leser auf derartige Problemsituationen vorbereitet, als den New Yorker Bürgern zugeschrieben wird. Gleichzeitig weist Douai auf eine Möglichkeit hin, wie die besprochenen Missstände auch in deutschen Ländern notfalls behoben werden können: Wie der Staat New York durch ein neues Gesetz eine staatliche Gesundheitsbehörde mit Vollmachten über die Stadt schafft, die daraufhin von außen trotz Protest der Stadt eingreift und das städtische Schlachten neu organisiert, so könnte auch hier die Lösung im Eingreifen einer höheren Verwaltungsinstanz in die Politik einzelner Städte liegen.[54]

3.2 „Das Schlachthaus" („El matadero") von Esteban Echeverría (1871)

Im Jahre 1871 erscheint die Erzählung *Das Schlachthaus* (im Original *El matadero*) des argentinischen und zur Zeit der Veröffentlichung schon verstorbenen Schriftstellers Esteban

---

[53] DOUAI, Carl Daniel Adolf: *Eine Mustermordanstalt*, S. 759.
[54] DOUAI, Carl Daniel Adolf: *Eine Mustermordanstalt*, S. 759.

Echeverría.[55] Geschrieben wurde das Werk bereits zwischen 1838 und 1840, hinsichtlich der Untersuchung einer möglichen Entwicklungsgeschichte der Schlachthausthematik ist eine chronologische Einordnung dieses Werkes jedoch ausgehend vom Veröffentlichungsdatum sinnvoll, da erst hier eine eventuelle Beeinflussung anderer Autoren möglich wurde.[56] Als südamerikanische Erzählung fällt *Das Schlachthaus* durch seinen anderen kulturellen Ursprung scheinbar zunächst aus der in dieser Arbeit besprochenen Werkauswahl heraus. Es soll dennoch hier Beachtung finden, nicht zuletzt, da Echeverría in Paris studiert hat, wo er intensiv mit der europäischen Literatur in Kontakt gekommen ist und daher ebenso wie die anderen herangezogenen Autoren durch frühere Werke dieses Kulturraums beeinflusst werden konnte.[57] Eine Berücksichtigung in der Erforschung einer möglichen Entwicklungsgeschichte des Themas Schlachthof macht somit durchaus Sinn.

Die Handlung des Werks *Das Schlachthaus* ist zeitlich parallel zu seiner Entstehung situiert und fällt somit in die Herrschaft des argentinischen Diktators Juan Manuel de Rosas. Viele Liberale flohen vor Rosas System außer Landes, wie auch der Unitarier[58] Echeverría, der ins Exil nach Uruguay ging, nachdem er aktiv gegen das System Stellung bezogen hatte.[59] In *Das Schlachthaus* befasst sich der Autor mit der Situation in Argentinien unter Rosas.[60] Die Handlung setzt während der Fastenzeit 1839 an: In Buenos Aires kommt es aufgrund von Überschwemmungen zu einer Fleischknappheit, gefolgt von einer drastischen Steigerung der Lebensmittelpreise, so dass viele Menschen hungern müssen. Als die ersten Rinder wieder ins Schlachthaus gebracht werden können, kommt es zu einem großen Auflauf, bei dem die Menschen dem Töten des Viehs schaulustig und voller Begeisterung beiwohnen und versuchen, ein Stück, sei es Fleisch oder Gedärme, zu erhaschen. Einem der Tiere gelingt es, aus dem Schlachthaus zu entfliehen, es wird jedoch nach einer Jagd durch die Stadt eingefangen und ebenfalls geschlachtet. In der Nähe entdeckt der föderalistische, Rosas-treue Schlachthauspöbel bald einen Unitarier, einen dem diktatorischen System oppositionell gegenüberstehenden Argentinier.[61] Wie zuvor das Tier wird auch der Unitarier eingefangen und in das Schlachthaus gebracht. Auf Geheiß des dortigen Richters, der Ordnungsinstanz

[55] BORGESON, Paul W. Jr.: *Esteban Echeverría 1805-1851. Argentine poet and prose writer*, in: Smith, Verity (Hrsg.): Encyclopedia of Latin American Literature, Chicago 1997, S. 277 und NOUZEILLES, Gabriela/ MONTALDO, Graciela (Hrsg.): *The Argentina Reader. History. Culture. Politics*, Durham (N.C.) 2002, S. 107.

[56] KURZ, Andreas: *Die Entstehung modernistischer Ästhetik und ihre Umsetzung in die Prosa in Mexiko. Die Verarbeitung der französischen Literatur des fin de siècle*, Amsterdam/New York 2005, S. 183.

[57] BORGESON, Paul W. Jr.: *Esteban Echeverría 1805-1851. Argentine poet and prose writer*, S. 277.

[58] „Unitarier" bezeichnet in diesem Kontext nicht die eher geläufige Religionsgemeinschaft, sondern eine politische Fraktion im Argentinien des 19. Jahrhunderts.

[59] BORGESON, Paul W. Jr.: *Esteban Echeverría 1805-1851. Argentine poet and prose writer*, S. 277.

[60] BORGESON, Paul W. Jr.: *Esteban Echeverría 1805-1851. Argentine poet and prose writer*, S. 277.

[61] FOSTER, David William: *Violence in Argentine Literature. Cultural Responses to Tyranny*, Missouri 1995, S. 88.

dieses Ortes, will man ihn foltern und misshandeln. Der Unitarier entzieht sich jedoch dieser Schändung, indem er über die Folterdrohung derart in Wut gerät, dass er stirbt.[62] Echeverría nutzt das Schlachthaus hier als Schauplatz, in dem sich beinahe die gesamte Handlung seiner Erzählung abspielt. Bedenkt man die Entstehungszeit, die fast 30 Jahre vor Douais Mustermordanstalt liegt, so ist es verblüffend, dass der Autor hier einen scheinbar bereits mehr oder weniger zentralisierten Schlachthof beschreibt, der am Stadtrand von Buenos Aires gelegen ist.[63]

Die weitere Beschreibung zeigt aber, dass dieser Aspekt der einzig fortschrittliche der Anlage ist, da der Schlachthof selbst nicht mehr ist als ein unbefestigter Platz mit einer Hütte und einer Ansammlung von Viehgattern. Der Schlachtprozess wird unter freiem Himmel vollzogen, jegliche Automatisierung der Arbeit durch Maschinen oder sonstiger Errungenschaften, die von Douai herausgestellt werden, fehlen. Vielmehr werden die Einrichtung selbst und die in ihr stattfindenden Schlachtungen als vergleichsweise primitiv und unstrukturiert geschildert.[64]

Das eigentliche Töten der Tiere übernimmt nur der Schlachter, der mit freiem Oberkörper, wirrem Haar und blutverschmiertem Gesicht als barbarisch und unzivilisiert erscheint. Eine nähere Beschreibung des regulären Schlachtablaufes fehlt bei Echeverría zunächst allerdings. Vielmehr wird das Verhalten der Menschen um das Schlachten herum in den Vordergrund gerückt, wobei der Erzähler, der, auch wenn er die Handlung immer wieder kommentiert, im Bezug auf die expliziten Beschreibungen stets emotional distanziert bleibt – und so Ekel erregende Details nennt, beispielsweise wie einige Figuren auf Gedärmen ausrutschen, die sie versuchen wegzutragen, oder Pansen mit dem Mund aufblasen, um sie als Tasche für ergatterte Teile des geschlachteten Tieres zu benutzen.[65]

---

[62] Vgl. dazu auch ŽIŽEK, Slavoj: *The Parallax View*, Cambridge 2006, S. 308.
[63] ECHEVERRÍA, Esteban: *Das Schlachthaus*, Berlin 2012, S. 24.
[64] ECHEVERRÍA, Esteban: *Das Schlachthaus*, S. 23 und S. 25.
[65] ECHEVERRÍA, Esteban: *Das Schlachthaus*, S. 29 sowie S. 33 und S. 35 und vgl. dazu auch ECHEVARRÍA, Roberto González: *Myth and archive. A theory of Latin American narrative*, Durham (N.C.) 1998, S. 93 sowie ŽIŽEK, Slavoj: *The Parallax View*, S. 308.

Dabei entwickelt sich eine Szenerie, die an die Fressgewohnheiten wilder Tiere erinnert. Einem Raubtier gleich, dass seine Beute erlegt hat, steht der Schlächter bei den toten Rindern und bearbeitet sie. Er ist umringt von einer Schar Menschen, die versuchen, sich beispielsweise ein Stück Fleisch abzuschneiden, und dabei an Aasfresser erinnern, die sich an der Beute des Raubtieres bedienen. Passend dazu bemüht sich der Schlächter stets, sie zu verjagen:[66]

> „Um jedes Tier drängte sich ein Trupp menschlicher Wesen […]. Jede Gruppe wurde überragt von einem Schlächter mit seinem Messer in der Faust […].“[67] […] „Aus der Menge […] schnellte von Zeit zu Zeit eine schmutzige Hand hervor und schnitt sich mit einem schnellen Messerstreich ein Stück Talg oder Fleisch aus den Vierteln, was zu empörten Aufschreien und Wutausbrüchen der Schlächter führte.“[68]

Auch wenn die eigentliche Tötung zunächst nicht beschrieben wird, wird trotzdem klargestellt, dass es sich um eine blutige Aktion handelt. Die Rinder liegen auf ihren abgezogenen Häuten, während einige Menschen die Gedärme der Tiere wegtragen und deren Blut den Boden tränkt.[69] Die Szenerie als Ganzes wird vom Erzähler als „Gemetzel“[70] bewertet. Die Schlachtung der Rinder wird im Folgenden durch die Tötung des ausgerissenen Stiers ergänzt. Hier wird der Akt des Tötens zum Schauspiel, einem Gladiatorenkampf gleich, stilisiert. Der Stier wird zunächst mit Lassos eingefangen. Ein Mann trennt dem gefangenen Tier die Sehnen eines Beins durch und stößt ihm dann seine Klinge bis zum Griff in die Kehle. Explizit wird nun der Moment des Todes des Stiers beschrieben: das Blut strömt, dann reißt der Mann die Kehle des Stiers heraus und präsentiert sie der jubelnden Menge. Die Tötung wird hier als blutrünstiges Spektakel inszeniert.[71]

Sowohl in der Schlachtung der Rinder als auch des Stiers werden die Menschen bei Echeverría als unzivilisierte, barbarische Ungeheuer charakterisiert, die das Schlachtvieh nicht als Lebewesen wahrnehmen, sondern es stattdessen sogar noch zusätzlich dadurch entwerten, dass mit den Schlachtabfällen, dem Blut und den Innereien, gespielt wird und sie sich gegenseitig damit bewerfen.[72] Das Tier dient zudem ihrem Vergnügen. Der Tod eines anderen Lebewesens wird somit zum Sport und zur Unterhaltung degradiert. Ihr

---

[66] ECHEVERRÍA, Esteban: *Das Schlachthaus*, S. 29-33 und S. 53.

[67] ECHEVERRÍA, Esteban: *Das Schlachthaus*, S. 29.

[68] ECHEVERRÍA, Esteban: *Das Schlachthaus*, S. 31 und S. 33.

[69] ECHEVERRÍA, Esteban: *Das Schlachthaus*, S. 29 und S. 33.

[70] ECHEVERRÍA, Esteban: *Das Schlachthaus*, S. 35.

[71] ECHEVERRÍA, Esteban: *Das Schlachthaus*, S. 47 und S. 49.

[72] ECHEVERRÍA, Esteban: *Das Schlachthaus*, S. 33 sowie S. 35 und vgl. dazu auch ŽIŽEK, Slavoj: *The Parallax View*, S. 308.

unmoralisches Verhalten beschränkt sich jedoch nicht ausschließlich auf das Schlachtvieh. Auch untereinander sind sie grob, vulgär und gewalttätig.[73] Der Prozess des Schlachtens kehrt ihre schlimmsten Seiten hervor. Besonders anschaulich wird dies dadurch, dass die Menschen vom Erzähler zu Tieren degradiert werden. Dies erreicht er durch die Raubtier-Aasgeier-Analogie und durch das Parallelsetzen ihrer Handlungen mit den Tätigkeiten der Schlachthaushunde: Die Menschen streiten sich um ein Stück Fleisch, wie es zeitgleich auch die Hunde tun.[74] Das Schlachttier an sich wird anhand des Stieres näher beleuchtet. Er zeigt deutlich menschliche Züge, wenn er angesichts seiner Ergreifung in Wut gerät.[75] Gleichzeitig bekommt seine Erscheinung jedoch auch übernatürliche Züge, die durch seinen Blick erzeugt werden: Seine „Augen schleuder[]n flammende Blitze"[76] und „phosphoreszierende Blicke"[77]. Besonders wird hier betont, wie sich das Tier seiner Tötung widersetzt: „Obwohl es die Flucht ermüdet hatte, waren seine Energie und sein Wille zum Widerstand ungebrochen."[78] Diese Darstellung des Stieres wandelt sich in dem Moment, wenn das Tier eingefangen ist und ihm bereits die Sehne durchtrennt worden ist. Ab diesem Moment wird es als „Opfer"[79] bezeichnet.

Wie schon am Verhalten der Schlachthausfiguren deutlich wurde, erweist sich die Schlachtung bei Echeverría als besonders brutal und grausam. Anders als noch bei Douai, der besonders die schmerzfreie Tötung herausgestellt, wird hier gegenteilig das Leid der Tiere explizit thematisiert. Dies zeigt sich vor allem bei der von den Menschen als Schauspiel aufgefassten Schlachtung des Stieres. Nachdem das Tier bereits mit Spießen verwundet und durch die Stadt gehetzt worden ist, trennt man ihm die Sehne des Beines durch und reißt ihm bei lebendigem Leib die Kehle heraus. Der eigentliche Tod tritt erst später ein, nachdem der Stier noch eine Zeit lang „röchelt"[80]. Von einer schmerzlosen Tötung kann hier keine Rede sein, vielmehr muss das Tier explizit leiden. Auch schon vor der eigentlichen Schlachtung wird dieses Leid zudem bereits anhand der Haltung des Schlachtviehs aufgezeigt, wenn die Tiere bei Regen mit ihren Beinen in den schlammigen Boden einsinken und sich nicht mehr bewegen können.[81]

---

73 ECHEVERRÍA, Esteban: *Das Schlachthaus*, S. 33.
74 ECHEVERRÍA, Esteban: *Das Schlachthaus*, S. 35 und S. 37.
75 ECHEVERRÍA, Esteban: *Das Schlachthaus*, S. 47.
76 ECHEVERRÍA, Esteban: *Das Schlachthaus*, S. 47.
77 ECHEVERRÍA, Esteban: *Das Schlachthaus*, S. 41.
78 ECHEVERRÍA, Esteban: *Das Schlachthaus*, S. 45.
79 ECHEVERRÍA, Esteban: *Das Schlachthaus*, S. 47.
80 ECHEVERRÍA, Esteban: *Das Schlachthaus*, S. 47.
81 ECHEVERRÍA, Esteban: *Das Schlachthaus*, S. 25 und S. 41.

Wie Douai thematisiert auch Echeverría die hygienischen Zustände im Schlachthof, jedoch erinnert seine Darstellung eher an Douais Beschreibung der früheren, dezentralen Schlachthöfe, die beinahe jegliche Hygiene missen lassen. Echeverría führt dem Leser einen Schlachthof vor, der weder gereinigt wird, noch eine Entsorgung der Schlachtabfälle garantiert. Vielmehr wird dies dem Zufall überlassen, da nur eventuell auftretender Regen das Blut der Tiere in einen Graben spült, der quer durch das Gelände führt. Tritt dieser Regen nicht ein, steht das Blut auf dem Boden, der zudem aus Schlamm besteht. Eine Reinigung ist folglich ohnehin schwierig und eine Vermehrung von Keimen vorprogrammiert. Die Voraussetzung für diese einzige Reinigung, das Schlachten unter freiem Himmel, resultiert gleichzeitig in weiteren bedenklichen Umständen. So zieht das Schlachthaus verschiedenste Tierarten an, die von den Menschen offen geduldet werden. Neben Hunden und Möwen verkehren dort auch Ratten, die für sich gesehen erneut auf ein Beweis für die fehlende Hygiene sind. Die Menschen selbst weisen zudem auch kein Hygienebewusstsein auf: Der Schlachter arbeitet mit offenem Haar, während die Menschen um ihn herum mit schmutzigen Händen nach dem Fleisch greifen und sich mit Schlachtabfällen bewerfen.[82]

Anders als Douai liegt das Hauptinteresse bei Echeverría nicht auf dem Schlachthof als Einrichtung. Setzt Douai durchweg den Akzent auf die industrielle und maschinelle Innovation des Schlachthauses und beschäftigt sich mit ihm als wirtschaftliche Einrichtung, rücken diese Aspekte in Echeverrías *Das Schlachthaus* vollständig in den Hintergrund. Stattdessen liegt sein Augenmerk auf den Menschen in diesem speziellen Raum, die Douai nur am Rande behandelt. Ihr Verhalten untereinander und dem Schlachtvieh gegenüber ist hier der zentrale Punkt der literarischen Untersuchung. Echeverría entwirft das Schlachthaus als eine eigene Welt, eine „kleine[] Republik"[83]. Die Akteure des Schlachthauses werden schon bereits zu Beginn des Werkes offen als Föderale deklariert. Ihr Verhalten den Tieren gegenüber wie auch untereinander charakterisiert sie als brutale, unzivilisierte Wesen, die mehr mit wilden Bestien denn mit Menschen gemein haben. Der Erzähler benennt die Auseinandersetzungen unter den Figuren als Allegorie auf die Zustände in Argentinien: „Im Kleinen ein Modell, wie barbarisch in unserem Land die persönlichen Rechte behandelt und die sozialen Fragen gelöst werden."[84]

---

[82] ECHEVERRÍA, Esteban: *Das Schlachthaus*, S. 21, S. 25 und S. 29 sowie S. 31 und S. 33.
[83] ECHEVERRÍA, Esteban: *Das Schlachthaus*, S. 25.
[84] ECHEVERRÍA, Esteban: *Das Schlachthaus*, S. 37.

Auffällig ist die Darstellung des Schlachters, der der Inbegriff eines primitiven, barbarischen Geschöpfs ist. Er wird mit einem Raubtier gleichgesetzt, dem sich die anderen Figuren unterordnen, und die er mit der Androhung von Gewalt gefügig macht: „Pass bloß auf , [...] dass ich dich nicht absteche."[85]

Er ist die einzige Figur, deren Namen genannt wird, als eine Frau ihn mit „Juan"[86] anspricht. Da dies ebenso der Vorname des Diktators Rosas ist, ist es naheliegend, dass Echeverría hier auf eben diesen verweist, und ihm somit dieselben Charakterzüge zuschreibt, wie dem Schlachter.

Eine wichtige Rolle nimmt zudem die Jagd und letztlich die Tötung des ausgerissenen Stiers ein. Zum einen zeigt der Autor hier weitere schlechte Eigenschaften der Föderalen auf, da sie sich augenscheinlich am Leiden und Sterben anderer erfreuen. Zum anderen nutzt Echeverría den Stier als Allegorie zu dem wenig später auftretenden Unitarier. Diese Gleichsetzung entsteht zum einen dadurch, dass der Stier von einem der Schlachthauscharaktere explizit mit einem Unitarier verglichen wird: „Der ist stur und widerspenstig wie ein Unitarier."[87]

Zum anderen werden Stier und Unitarier dadurch gleichgesetzt, wie die Föderalen sie behandeln. So wird den Unitariern zu Unrecht die Schuld an der Überschwemmung gegeben; auf ähnliche Art wird behauptet, der Stier habe bei seiner Flucht einen Jungen getötet, obwohl dieser durch ein Lasso der Verfolger geköpft wurde.[88] An beiden Figuren will sich der Pöbel gleichermaßen rächen.[89] Durch die Parallelsetzung von Stier und Unitarier greift der Text dem Schicksal des Mannes vor.[90] Wie dieser wird der Stier von den Föderalen gefangen. Echaverría gibt dem Stier menschliche Züge, wie später der Unitarier verfällt auch das Tier in ungeheure Wut und beide versuchen sich mit aller Kraft gegen ihre Peiniger zu wehren.[91] Doch hier wird nicht derselbe Vorgang einmal beim Tier und einmal beim Menschen geschildert, der Ausgang der Situation unterscheidet sich nämlich signifikant. Wo der Stier sich trotz stärkstem Widerstand der Folter – ihm werden die Sehnen durchgeschnitten – und letztlich der Tötung durch die Föderalen hingeben muss, kann sich

---

[85]   ECHEVERRÍA, Esteban: *Das Schlachthaus*, S. 33.
[86]   ECHEVERRÍA, Esteban: *Das Schlachthaus*, S. 33.
[87]   ECHEVERRÍA, Esteban: *Das Schlachthaus*, S. 39.
[88]   ECHEVERRÍA, Esteban: *Das Schlachthaus*, S. 13.
[89]   ECHEVERRÍA, Esteban: *Das Schlachthaus*, S. 41 und S. 47.
[90]   MENTON, Seymour: *The Spanish American Short Story. A Critical Anthology*, Berkeley/ Los Angeles 1980, S. 22.
[91]   ECHEVERRÍA, Esteban: *Das Schlachthaus*, S. 57 und S. 59 sowie S. 63.

der Unitarier dem entziehen. Er stirbt von sich aus, bevor Hand an ihn gelegt werden kann.[92] Die Welt des Schlachthauses spiegelt in Echeverrías Darstellung die politischen und gesellschaftlichen Zustände Argentiniens wider und kann als Symbol für das Wesen der Föderation verstanden werden.[93] Die Beschreibung der unzivilisierten Gepflogenheiten in diesem speziellen Raum ermöglichen so eine indirekte Kritik des Autors an den Zuständen in seinem Heimatland. Wie in der realen Zeit Echeverrías herrschen auch in seinem Schlachthaus die Föderalen, die jeglichen Widerstand gegen ihr System und alle Andersdenkenden mit Gewalt unterdrücken und die von einem durch den Text als grausam titulierten Mann beherrscht werden.[94] Die allegorische Parallelisierung des Stiers mit dem durch die Schlachthausfiguren verschleppten Mann greift dabei explizit das Schicksal der unter Rosas Herrschaft leidenden Unitarier auf und vergleicht es mit dem Schicksal von Schlachttieren.[95] Echeverría wirft Rosas und seinen Gefolgsleuten somit vor, das Land in ebenso einen brutalen und durch Gewalt beherrschten Raum zu verwandeln, wie es hier das Schlachthaus ist.[96]

3.3 „Der Bauch von Paris" von Emile Zola (1873)

Mit Emil Zolas Roman *Der Bauch von Paris* erschien 1873 der dritte Teil seines zwanzigbändigen Rougon-Macquart-Zyklus, der als eines der Schlüsselwerke des französischen Naturalismus gilt. Die Handlung spielt zur Zeit der Regentschaft Napoleon III. und fast ausschließlich in den 'halles centrales', dem großen Zentralmarkt in Paris.[97]
Dieser wurde unter Napoleon III. erbaut und sollte sowohl die hygienischen Mängel des alten Hallenviertels beenden, als auch dem Bedürfnis der Pariser Bevölkerung nach einer größeren Lebensmittelauswahl nachkommen. Zur Zeit der Romanveröffentlichung setzten sich die Hallen aus zehn Eisenpavillions zusammen und bedeckte eine Fläche von 83.990 Quadratmetern.[98]

---

[92] ECHEVERRÍA, Esteban: *Das Schlachthaus*, S. 65.

[93] Vgl. dazu auch BORGESON, Paul W. Jr.: *Esteban Echeverría 1805-1851. Argentine poet and prose writer*, S. 277.

[94] ŽIŽEK, Slavoj: *The Parallax View*, S. 308.

[95] NOUZEILLES, Gabriela/ MONTALDO, Graciela (Hrsg.): *The Argentina Reader. History, Culture, Politics*, S. 107.

[96] BORGESON, Paul W. Jr.: *Esteban Echeverría 1805-1851. Argentine poet and prose writer*, S. 277.

[97] NELSON, Brian: *Zola and the nineteenth century*, in: Nelson, Brian (Hrsg.): The Cambridge Companion to Emile Zola, Cambridge 2007, S. 2 und KÜSTER, Sabine: *Medizin im Roman. Untersuchungen zu „Les Rougon Macquart" von Emile Zola*, Göttingen 2008, S. 1 sowie LEHAN, Richard: *The City in Literature. An Intellectual and Cultural History*, Berkeley/ Los Angeles 1998, S. 61.

[98] BECKER, Karin: *Der Gourmand, der Bourgeois und der Romancier. Die französische Esskultur in Literatur und Gesellschaft des bürgerlichen Zeitalters*, Frankfurt am Main 2000, S. 119-121.

Mit ausschweifenden, detailverliebten Beschreibungen, für die er bewusst Nachforschungen in der Umgebung und dem gesellschaftlichen Umfeld angestellt hat, um sie überzeugend zu gestalten, beleuchtet Zola den Schauplatz, in dem die Handlung situiert ist und mit dem sie untrennbar verwoben ist[99]

Erzählt wird die Geschichte des Florent, der aus einer Strafkolonie flüchten konnte, in die er während des Staatsstreiches 1851 zu Unrecht verbannt wurde, und der nun ins heimatliche Paris zurückkehrt, wo er im Wurstladen seines Bruders Quenu in den Hallen Unterschlupf findet. In dieser Welt des Überflusses und der von Wohlstand gerundeten Leiber bleibt der magere Florent jedoch stets ein misstrauisch beäugter Außenseiter, selbst als er eine Anstellung zum Inspektor in den Fischhallen erhält. Mit der Zeit wird er zu einer der zentralen Figuren eines Zirkels Gleichgesinnter, mit denen Florent schließlich einen Aufstand plant, der in einem Umsturz des Systems und der Gründung einer Republik münden soll. Verraten von den Bewohnern der Hallen und sogar von der eigenen Schwägerin, wird Florent jedoch samt dem Anführer seiner Gruppe verhaftet und erneut in eine Strafkolonie gebracht, bevor der Plan in die Tat umgesetzt werden kann.

Anders als noch bei Douai in der *Mustermordanstalt* ist der Schlachthof in Zolas *Bauch von Paris* nicht zentrales Thema. Stattdessen sind es die Hallen, der zentrale Markt der französischen Hauptstadt mit seinem mannigfaltigen Lebensmittelsortiment, die hier in schier unendlichen Detailreichtum geschildert werden. Neben dieser Beschreibung verschiedenster Lebensmittel, darunter auch tierische Produkte wie zerlegte Tiere, abgefülltes Blut oder auch Gehirne, wird dem Leser durch Quenus Wurstladen zudem die Herstellung von Wurst nähergebracht. Hier wird folglich nicht die Schlachtung direkt thematisiert, sondern vielmehr der nächste Schritt der Fleischproduktion, die Weiterverarbeitung der Schlachthauserzeugnisse und deren Verkauf – schon deshalb ist *Der Bauch von Paris* für die vorliegende Arbeit erwähnenswert. Signifikant wird der Roman jedoch durch eine kurze, aber umso aussagekräftigere Schlachtszene im letzten Kapitel.

In dieser wird die Schlachtung von Tauben im Geflügelkeller unter den Hallen gezeigt. Florent sieht mit dem Maler Claude dem etwas einfältigen Straßenjungen Marjolin beim Schlachten der Tiere zu. Dabei erblasst Florent, und Claude merkt angesichts seiner

---

[99] KEUNEN, Bart: *Living with Fragments. World Making in Modernist City Literature*, in: Eysteinsson, Astradur/ Liska, Vivian (Hrsg.): Modernism. Volume 1. A Comparative History of Literatures in European Languages, Amsterdam/ Philadelphia 2007, S. 281 und NELSON, Brian: *Zola and the nineteenth century*, in: Nelson, Brian (Hrsg.): The Cambridge Companion to Emile Zola, Cambridge 2007, S. 4 f.

Reaktion an, dass Florent nicht zum Soldat oder Anführer eines Aufruhrs geeignet sei, wenn er schon bei diesem Anblick schwach werde. Dem Protagonisten wird klar, dass er und die ihm gleichgesinnten Revolutionäre eine Schlacht vor sich haben und dass er nicht fähig ist, an dem Vorhaben teilzunehmen.[100] Zola beschreibt die Schlachtung hier in wenigen, aber prägnanten Sätzen, in denen er detailliert den Schlachtvorgang wiedergibt. Vor der eigentlichen Tötung wird zunächst die Unterbringung der Vögel geschildert. Ohne Bewegungsmöglichkeit, frischer Luft und Sonnenlicht verharren die Tauben in engen Kisten. Diese tierquälerische Haltung wird noch ergänzt durch eine grausame Fütterungsmethode. So wird den Tieren einerseits Salzwasser gereicht, zum anderen werden ihnen Körner samt Wasser in den Schnabel gepustet, dass sie fast daran ersticken. Im Text wird dieser Vorgang als „gewaltsame[] Fütterung"[101] benannt.[102]

Die eigentliche Schlachtung findet bei Zola im Gegensatz zur *Mustermordanstalt* nicht in einem strukturierten Schlachthaus statt, sondern in einem Keller. Besondere Hygienemaßnahmen, wie sie bei Douai beschrieben werden, finden sich hier noch nicht. Allein das Blut wird bei der Schlachtung aufgefangen. Die Schlachtung selbst wird von nur einer Person, Marjolin, durchgeführt. Diese schlachtet die Tiere über einem Zinnbecken, in dem das Blut gesammelt wird, auf den ein Lattenrahmen aus Holz gelegt wurde. Marjolin nimmt die Tauben an beiden Flügeln, schlägt ihnen mit dem Messerheft auf den Kopf, um sie zu betäuben, führt dann das Messer in ihren Hals ein und spaltet ihnen den Kopf. Zwar werden die Tier hier betäubt, aber sie scheinen dennoch Schmerz zu erleiden, da sie zittern und ihr Gefieder sträuben, bevor sie sterben. Der Moment des Todes wird dabei genau beschrieben, indem die Arbeitsschritte des Schlachters wiedergegeben werden. Wie bereits bei ihrer Unterbringung und Fütterung werden die Tauben auch bei der Schlachtung grausam behandelt, ihr Leid scheint nicht von Bedeutung zu sein. Dabei wird einerseits besonders das tropfende Blut der Tauben betont, und zwar nicht nur als optische Wahrnehmung, sondern auch als akustische. So wird das Sterben der Tiere mit zwei Sinnen erfasst. Andererseits hebt die Darstellung die rhythmische Bewegungsfolge hervor, mit der der Schlachter Marjolin die Tiere bearbeitet. Durch diese Rhythmik erhält der Schlachtablauf beinahe etwas maschinenhaftes, wenn auch keine Maschinen am Schlachtprozess beteiligt sind.[103]

100 ZOLA, Emile: *Der Bauch von Paris*, online unter: http://gutenberg.spiegel.de/buch/1251/6.
101 ZOLA, Emile: *Der Bauch von Paris*, online unter: http://gutenberg.spiegel.de/buch/1251/6.
102 ZOLA, Emile: *Der Bauch von Paris*, online unter: http://gutenberg.spiegel.de/buch/1251/6.
103 ZOLA, Emile: *Der Bauch von Paris*, online unter: http://gutenberg.spiegel.de/buch/1251/6.

Die Schlachtung in *Der Bauch von Paris* wirkt vergleichsweise dilettantisch und erinnert bewusst noch an die vorindustriellen Hausschlachtungen. Werden bei Douai bereits die neuen Errungenschaften hinsichtlich Arbeitsablauf, Hygiene, Tierhaltung und das humane Schlachten hervorgekehrt, so beschreibt Zola noch eine im Vergleich primitive Tötung der Tauben, die der Erzähler selbst als „Gemetzel"[104] benennt. Die von Douai genutzte Beschreibung des Schlachters als blutdurstig und barbarisch passt noch am ehesten zu Zolas Marjolin, als zu den eher neutral beschriebenen anderen Arbeitern in der *Mustermordanstalt*. Der durch einen Unfall etwas einfältige Marjolin wird vom Erzähler als grausamer Schlachter charakterisiert, der beinahe sadistische Freude am Morden der Tauben hat und sich in eine Art Mord-Trance hineinsteigert, bei der er lacht und singt: „Ticktack, ticktack! die Schläge des Messerheftes mit einem Schnalzen der Zunge begleitend"[105]. Dieser Gesang unterstreicht noch einmal die rhythmische Struktur des Schlachtprozesses, dessen maschinenhafter Charakter den sadistischen Freuden des Schlachters kontrastierend gegenübergestellt ist. Die Tiere selbst scheinen für Marjolin keinerlei Bedeutung zu haben, es gilt nur, sie möglichst schnell zu bearbeiten. Eine weitere Charakterisierung erhält Marjolin, wenn er mit einer „riesige[n] Dogge"[106] verglichen wird. Der Schlachter erscheint hier folglich als animalisches Wesen, das die Tauben, die nach der Schlachtung wie „Seidenfetzen"[107] herabhängen, wie ein wildes Tier zerreißt. Die Vögel nehmen innerhalb der Szene eine passive Rolle ein und sind der Situation vollkommen ausgeliefert, was besonders durch die erzwungene Fütterung gezeigt wird. Auch wenn sie von Marjolin, dem Akteur des Schlachtprozesses, kein Mitleid zu erwarten haben, so werden sie doch vom Erzähler und der Figur Claude, also den Zuschauern der Szene, bedauert: „Die armen, unschuldigen Tiere."[108] Die Reaktion Florents geht sogar noch über Mitleid hinaus. Er kann dem Geschehen nicht weiter zusehen, wird blass und muss sich entfernen.[109]

Um ihre mitleiderregende Situation weiter herauszustellen, werden die in Kisten eingepferchten, passiven Tauben der Schlachtszene in Kontrast zu freilebenden Tauben gesetzt, die Florent kurz zuvor noch in einem Park beobachtet hat. Jene können sich frei und selbstbestimmt auf der von Sonnenlicht erhellten Wiese und in der Luft bewegen, während die zum Schlachten bestimmten Tauben eben dieser Möglichkeiten beraubt sind.

---

[104] ZOLA, Emile: *Der Bauch von Paris*, online unter: http://gutenberg.spiegel.de/buch/1251/6.
[105] ZOLA, Emile: *Der Bauch von Paris*, online unter: http://gutenberg.spiegel.de/buch/1251/6.
[106] ZOLA, Emile: *Der Bauch von Paris*, online unter: http://gutenberg.spiegel.de/buch/1251/6.
[107] ZOLA, Emile: *Der Bauch von Paris*, online unter: http://gutenberg.spiegel.de/buch/1251/6.
[108] ZOLA, Emile: *Der Bauch von Paris*, online unter: http://gutenberg.spiegel.de/buch/1251/6.
[109] ZOLA, Emile: *Der Bauch von Paris*, online unter: http://gutenberg.spiegel.de/buch/1251/6.

In der Fokussierung auf den barbarischen Charakter des Schlachters, der sich zudem auch durch die Freude des Menschen am Schlachten auszeichnet, erinnert Zolas Schlachtszene an Echeverrías *Das Schlachthaus*, in dem das Töten gar als Schauspiel für Schlachter sowie Zuschauer inszeniert wird. Der Beobachter wird bei Zola jedoch explizit anders gekennzeichnet, als dies noch bei Echeverría der Fall ist. Er wird nicht zum Komplizen des grausamen Aktes, sondern distanziert sich deutlich durch eine emotionale Regung und die darauffolgende räumliche Trennung: Er empfindet Mitleid für die Tiere und verlässt den Schauplatz der Schlachtung.

Zola setzt die Schlachtungsszene in seinem Roman an eine wichtige Stelle der Handlung. Der Protagonist Florent hat gemeinsam mit seinem Zirkel lange alles für die erneute Revolution geplant und gilt nun als eine Art Anführer des intendierten Aufruhrs. Vor der Schlachtungsszene wünscht er noch, die Revolution könne gleich beginnen. Zur selben Zeit weiß die Polizei über die geplante Revolution und über Florents Rolle in dieser bereits Bescheid. Viele der Personen, die Florent aus den Hallen kennt, unter ihnen auch seine Schwägerin Lisa, haben der Polizei die konspirativen Vorgänge rund um seine Person gemeldet, so dass diese in Kürze gegen ihn vorgehen kann. Die Lage hat sich folglich zugespitzt, die Katastrophe für den Protagonisten steht kurz bevor.[110]

Gerade jetzt zeigt sich angesichts der Schlachtung aber Florents fehlende Eignung für die Rolle, die er in der von ihm so gründlich geplanten Revolution spielen soll. Er kann nicht der Anführer, nicht einmal ein Teilnehmer sein. Florent bemerkt, dass er nicht in der Lage ist, einem Menschen Leid zuzufügen, wenn er nicht einmal mit ansehen kann, wie Tiere geschlachtet werden. Er hat zwar Pläne und Visionen bezüglich des Umsturz des Systems, aber eigentlich ist er zu mehr als der Planungsphase nicht geschaffen. In dem Moment, als Florent die Tauben sieht, die Marjolin schlachtet, zieht er eine Parallele zu freilebenden Tauben, die er kurz zuvor im idyllischen Park beobachtet hat: Holztauben waren auf einer Wiese im Sonnenlicht umhergelaufen. Als sich ihnen ein Mädchen näherte, flogen sie auf, setzten sich auf eine Statue, gurrten und schnäbelten.[111]

Die Parallele, die Florent während der Schlachtung zu den Tauben im Park zieht, kann mehrdeutig ausgelegt werden. Auf der einen Seite sieht er konkret den Kontrast

---

[110] ZOLA, Emile: *Der Bauch von Paris*, online unter: http://gutenberg.spiegel.de/buch/1251/6 und ZOLA, Emile: *Der Bauch von Paris*, online unter: http://gutenberg.spiegel.de/buch/1251/5.

[111] ZOLA, Emile: *Der Bauch von Paris*, online unter: http://gutenberg.spiegel.de/buch/1251/6.

zwischen 'glücklichen' freilebenden Tauben und gequälten, schließlich getöteten, für die er Mitleid empfindet. Andererseits kann man die Parallele auch auf die kommenden Revolutionszustände hindeuten. Gerade noch sieht Florent den idyllischen Park mit dem spielenden Mädchen – eine derartige Idylle ist während einer Revolution nicht möglich. Vielleicht können die Tauben im Park gar als Allegorie für die Menschen vor der geplanten Revolution verstanden werden, die ihrem Leben nachgehen. In diesem Falle repräsentierten die sterbenden Schlachthaus-Tauben eben jene Menschen während einer Revolution – zumindest einer missglückten, wenn man an die Guillotine denkt. So fungiert die Schlachthausszene als eine Art Vorhersehung des Protagonisten auf die kommenden Ereignisse, würde er seinen Plan in die Tat umsetzen: Entweder auf die Zustände während einer Revolution generell, die Menschenleben auf beiden Seiten fordert, oder vielleicht auch auf die mögliche Niederschlagung des dilettantisch organisierten Aufruhrs.[112]

Anhand der Schlachtungsszene wird Florent klar, dass sein Umsturz-Plan, den Palast anzugreifen, eine Schlacht werden würde und Menschen verletzt werden würden. Wie das Blut der Tauben würde auch hier Blut sein. Ihm wird bewusst, dass er auch dann nur bleich werden und seine Augen bedecken wird. Eine aktive Teilnahme Florents an der Revolution entpuppt sich als unmöglich.[113]

Innerhalb der Gesamthandlung ist die Schlachtsequenz die letzte Szene vor der Katastrophe. Bereits kurz nachdem Florent den Keller verlässt, stellt die Polizei ihm in Lisas und Quenus Haus bereits eine Falle. Die Schlachtszene fungiert hier somit gar als Vorwegnahme des Schicksals des Protagonisten. Ist bei den Tauben Marjolin derjenige, der sie 'zu Fall' bringt, so wird Florent von den Bewohnern der Hallen, die ihn verraten haben, in den Untergang getrieben. Diese Allegorie wird zudem dadurch erweitert, dass so, wie Marjolin über seine Handlung, das Schlachten, und das Schicksal der Tiere, das sie durch ihn erfahren, lacht, so lachen am Ende des Romans die Frauen auf dem Fischmarkt darüber, wie sie sich Florents entledigt haben, wie sie ihn zu Fall gebracht haben. Wie Marjolin kein Mitleid mit den Tauben hat, so haben die Vertreter der Hallen auch kein Mitleid mit Florent, und selbst die, die an dem Verrat nicht direkt Anteil hatten, stehen am Schluss lachend ob des Werkes der anderen und sehen genussvoll zu, so wie Marjolins Freundin Cadine über das Gemetzel lacht und es mit Vergnügen ansieht.[114]

---

[112] ZOLA, Emile: *Der Bauch von Paris*, online unter: http://gutenberg.spiegel.de/buch/1251/6.

[113] ZOLA, Emile: *Der Bauch von Paris*, online unter: http://gutenberg.spiegel.de/buch/1251/6.

[114] ZOLA, Emile: *Der Bauch von Paris*, online unter: http://gutenberg.spiegel.de/buch/1251/6.

Das Thema der Vögel wird abschließend noch einmal aufgegriffen und abgeschlossen, als Florent verhaftet wird. Bevor er abgeführt wird, entlässt er einen Finken, den er in seinem Zimmer gehalten hat, aus seinem Käfig, küsst ihn zwischen die Flügel und lässt ihn frei. Der Vogel fliegt über die Hallen hinweg und verschwindet. Florent muss hier erneut betrübt an die Holztauben denken und an die Tauben, die Marjolin schlachtet.[115]

3.4 „The Jungle" von Upton Sinclair (1905/06)

Der naturalistische Roman *The Jungle* von Upton Sinclair wurde erstmals am 18. Februar 1906 veröffentlicht, nachdem er im Jahr zuvor in der sozialistischen Zeitschrift *Appeal to Reason* als Serie erschienen war.[116] Die Handlung spielt sich in weiten Teilen in den Union Stockyards, den fleischverarbeitenden Betrieben Chicagos ab, in denen der Litauer Immigrant und Protagonist Jurgis Rudkus versucht, für sich und seine Familie ein neues Leben aufzubauen. Unter schlimmsten Bedingungen arbeitet er hier zunächst in einem Schlachthaus, dann in der Düngerherstellung. Nach und nach lernt er so die Schattenseite der Yards kennen: menschenverachtende Arbeitsbedingungen, miserable Hygienebedingungen und korrupte Machenschaften der Betriebe. Durch verschiedene Schicksalsschläge verliert Jurgis seine Arbeit, so dass seine Familie und er immer weiter in Armut und Elend abgleiten. Als schließlich seine Frau, sein ungeborenes Kind und sein kleiner Sohn sterben, verlässt er die übrige Familie und schlägt sich als Landstreicher und Dieb und letztlich als Obdachloser durch. Zufällig gerät er in eine Veranstaltung der Sozialistischen Partei, mit deren Ideologie er sich identifizieren kann und in deren Umfeld er nun eine Arbeit findet, die ihm erlaubt, den noch verbleibenden Rest seiner Familie erneut finanziell zu unterstützen.

Der Titel des Werks, das in deutscher Publikation zunächst als *Der Sumpf* und später wortgetreu als *Der Dschungel* verlegt wurde, steht hier für die lebensfeindliche Umgebung, in der sich die Arbeiter der Chicagoer Yards behaupten müssen. Dabei gilt das Darwin'sche Prinzip des 'Survival of the Fittest', in dessen Konkurrenzkampf die Moral zu Gunsten des Überlebens oftmals vernachlässigt werden muss.[117]

---

[115] ZOLA, Emile: *Der Bauch von Paris*, online unter: http://gutenberg.spiegel.de/buch/1251/6.

[116] YODER, Jon A.: *The Muckraker*, in: Bloom, Harold (Hrsg.): Upton Sinclair's The Jungle. Modern Critical Interpretations, New York 2002, S. 10 f. und KNOPF, Jan: *Der Schauplatz: Chicago und seine Schlachthöfe*, in: Knopf, Jan (Hrsg.): Brechts 'Heilige Johanna der Schlachthöfe', Frankfurt am Main 1986, S. 75.

[117] Vgl. dazu auch YODER, Jon A.: *The Muckraker*, S. 5 f.

In seinem Roman erhebt Sinclair das Schlachthaus nicht zum Hauptthema per se. Vielmehr stehen die widrigen Verhältnisse, in denen die Arbeiter arbeiten und auch leben müssen, im Fokus. Der Sozialismus wird von Sinclair schließlich als die absolute Lösung dieser Problematik angepriesen.[118] Auf den gesamten Roman gesehen nimmt die Behandlung des Schlachthauses sowohl thematisch als auch vom Umfang her nur einen untergeordneten Platz ein. Dennoch ist sie für das Gesamtwerk signifikant. So spielt fast die gesamte Handlung in den Union Stockyards. Innerhalb der Yards nimmt das Schlachthaus als Ausgangspunkt aller Fleischproduktion die zentrale Rolle ein. Dieser elementaren Stellung trägt Sinclair Rechnung, wenn er dem Schlachthaus gar das gesamte dritte Kapitel widmet. Das Schlachthaus ist das erste, was der Protagonist Jurgis und seine Familie von den Union Stockyards, die nun ihr neues Zuhause sein werden, kennen lernen. Ein Freund führt sie durch die Anlage. An dieser Stelle bringt Sinclair eine strukturierte und detailreiche Beschreibung sowohl des Schlachtprozesses bei Schweinen als auch bei Rindern, die sich in ihrer Abfolge am Gang der Besucher durch den Betrieb orientiert. Im weiteren Verlauf der Handlung kommt dem Schlachthaus zudem insofern eine Bedeutung zu, da Jurgis hier seine erste Anstellung findet, die ihn somit in die Welt der Yards einführt. Hier erlebt er nach und nach immer mehr Situationen, die ihn die in den Betrieben vorherrschenden kriminellen Machenschaften sowie gesundheitsgefährdenden Zustände erkennen lassen. Ergänzt wird dies durch Anekdoten über ähnliche Ereignisse, derer Jurgis durch Erzählungen Dritter gewahr wird.[119]

Die Beschreibung der Schlachthausanlage erlebt der Leser quasi durch die Augen der Figuren, indem er ihnen bei ihrer Besichtigung der Schlachtung und Weiterverarbeitung der Schweine und anschließend der Rinder folgt. Erwähnt sei hier speziell auch die Art, wie die erste 'Begegnung' mit dem Schlachthaus inszeniert wird: Die Charaktere nähern sich bei ihrer Anreise den Yards und somit auch dem Schlachthaus immer weiter an. Je näher sie diesem kommen, desto mehr Veränderungen ihrer Umgebung bemerken sie. Besonders auffällig ist dabei, dass es sich hierbei nicht nur um die nun vermehrte Häufung von industriellen Gebäuden und Schornsteinen geht. Vielmehr bemerken die Figuren zunächst eine Veränderung der Lichtverhältnisse. Sowohl die Luft als auch die Farben der Landschaft werden dunkler.[120] Schon aus der Ferne wird so bereits ein erster Hinweis auf die von den

---

[118] Vgl. dazu auch CHASTAIN, Emma (Hrsg.): Literature (Sparknotes 101), New York 2004, S. 440.

[119] SINCLAIR, Upton: *The Jungle. A Penn State Electronic Classics Series Publication*, University Park 2008, S. 35-46 und S. 68 f. sowie S. 88 und S. 104.

[120] SINCLAIR, Upton: *The Jungle*, S. 27 f.

Yards ausgehende Luftverschmutzung gegeben: „It grew darker all the time, and upon the earth the grass seemed to grow less green."[121]

Als sie sich weiter auf ihr Ziel zu bewegen, wandelt sich nun auch der Geruch, den sie wahrnehmen, und ein zunehmendes bienenartiges Geräusch kündigt die Nähe der zum Schlachten bestimmten Rindermassen an.[122] Durch die ausgeschmückte Beschreibung Sinclairs nähert sich der Leser quasi mit den Protagonisten dem Ziel ihrer Reise, wobei besonders die verschiedenen Sinneswahrnehmungen im Vordergrund stehen. Ohne, dass an dieser Stelle bereits weiter auf den Charakter des Schlachthauses und der Yards eingegangen wird oder gar eine Bewertung vorgenommen wird, gelingt es dem Autor dem noch unvoreingenommenen Leser bereits hier einen Vorgeschmack auf die weitere Bedeutung der Yards für die Immigranten zu geben. Bereits diese erste Annäherung inszeniert die Union Stockyards schon als düsteres, riesiges, alles verschlingendes Monstrum und lässt den Leser mit einem beklemmenden Gefühl und einer düsteren Vorahnung auf das Schicksal der Protagonisten zurück.

Durch die Entscheidung des Autors, die Schlachthausbeschreibung in Form einer Besichtigung in den Roman einzuflechten, erhält diese einen ganz bestimmten Aufbau. So entsteht eine strukturierte Beschreibung der Anlage und der in ihr verrichteten Arbeitsabläufe von der Schlachtung bis zur Zerlegung der Tiere, da sich die Führung Raum für Raum entsprechend der Produktionsabfolge voranbewegt.[123] Dabei lässt er den Erzähler und einen Freund der Familie, der das Schlachthaus bereits kennt, während der Besichtigung Fakten über die Anlage anbringen:

> „[...] Jokubas informed them, the greatest aggregation of labor and capital ever gathered in one place. It employed thirty thousand men; it suppported directly two hundred and fifty thousand people in its neighborhood, and indirectly it supported half a million. It sent its products to every country in the civilized world, and it furnished the food for no less than thirty million people!"[124]

Die Nennung konkreter Zahlen kann so erfolgen, ohne dem Text einen allzu berichtartigen Charakter zu verleihen, da sie so homogen in die Erzählung eingebunden werden. In der Wiedergabe derart genauer Summen erinnert *The Jungle* durchaus an Douais *Mustermordanstalt.*

---

[121]   SINCLAIR, Upton: *The Jungle*, S. 28.
[122]   SINCLAIR, Upton: *The Jungle*, S. 29.
[123]   SINCLAIR, Upton: *The Jungle*, S. 37-44.
[124]   SINCLAIR, Upton: *The Jungle*, S. 45.

Bevor der Erzähler Einblick in das Innere des Schlachthauses gewährt, wird besonderes Augenmerk auf die Viehmassen gelegt, die vor den Gebäuden eingezäunt sind. Philosophische Gedankengänge des Erzählers zum Schicksal der Tiere wie „it was quite uncanny to watch them, pressing on to their fate, all unsuspicious a very river of death"[125] werden dem naiven und unbedarften Staunen der Figuren über die Effizienz der Anlage entgegengesetzt.[126]

Die Beschreibung des eigentlichen Schlachtens ist sehr präzise – aufgrund seiner illustrativen Schilderung wurde Sinclair von Kritikern mit Zola verglichen – wobei der Fokus auf der Arbeitsabfolge liegt und darauf, welche Tätigkeiten die verschiedenen Arbeiter ausüben.[127] Dabei stellt Sinclair besonders heraus, wie die Tiere hier massenweise arbeitsteilig und in Fließbandarbeit geschlachtet und zerlegt werden. Mehr noch als bereits bei Douai (und ganz entsprechend der historisch-technologischen Entwicklung) kommen bei Sinclair Maschinen zum Einsatz, die nicht nur Lasten heben, sondern auch ganze Arbeitsschritte, wie das Entfernen der Borsten beim Schwein, eigenständig übernehmen. Sinclair resümiert den innovativen Arbeitsablauf pointiert, wenn er sagt, es sei „porkmaking by machinery".[128]

> „The carcass hog was scooped out of the vat by machinery, and then it fell to the second floor, passing on the way through a wonderful machine with numerous scrapers, which adjusted themselves to the size and shape of the animal, and sent it out at the other end with nearly all of its bristles removed. It was then again strung up by machinery, and sent upon another trolley ride; this time passing between two lines of men, who sat upon a raised platform, each doing a certain single thing to the carcass as it came to him."[129]

In den beinahe 40 Jahren seit der *Mustermordanstalt* kann hier folglich ein weiterer Fortschritt der Technik und Organisation festgestellt werden. Doch auch wenn der detailreichen Beschreibung der Arbeitsschritte viel Raum eingeräumt wird, so geschieht dies bei Sinclair nie distanziert wie bei Douai. Zwar gibt Sinclair den Akt des Tötens, auch wenn das Ausströmen von Blut erwähnt wird, weitestgehend schlicht wieder, dafür wird die schlechte Behandlung der Tiere bei diesem Vorgang um so mehr thematisiert, indem ihr Leiden, das Douai noch durch die fortschrittliche Technik als weitestgehend ausgemerzt

---

[125] SINCLAIR, Upton: *The Jungle*, S. 36.
[126] SINCLAIR, Upton: *The Jungle*, S. 35-37.
[127] Vgl. dazu auch ELLIOTT, Emory: *Afterword to 'The Jungle'*, in: Bloom, Harold (Hrsg.): Upton Sinclair's The Jungle. Modern Critical Interpretations, New York 2002, S. 93.
[128] SINCLAIR, Upton: *The Jungle*, S. 39.
[129] SINCLAIR, Upton: *The Jungle*, S. 40.

bezeichnet, in den Mittelpunkt gestellt wird: Die Tiere quieken und schreien vor Qual.[130] Ausgehend davon philosophiert der Erzähler darüber, dass dieser Anblick jeden zum Nachdenken über das Wesen der Tiere bringen müsse. Ihnen werden ein individueller Charakter, Würde, Wünsche, Gefühle und Hoffnungen zugesprochen, der Erzähler stellt sogar die Frage, ob es nicht einen Himmel und einen Gott für diese Tiere gebe, damit sie nach dem Tod ihre Qualen vergolten bekämen.[131]

> „One could not stand and watch very long without becoming philosophical, without beginning to deal in symbols and similes, and to hear the hog squeal of the universe. Was it permitted to believe that there was nowhere upon the earth, or above the earth, a heaven for hogs, where they were requited for all this suffering? Each one of these hogs was a separate creature. Some were white hogs, some were black; some were brown, some were spotted; some were old, some young; some were long and lean, some were monstrous. And each of them had an individuality of his own, a will of his own, a hope and a heart's desire; each was full of self-confidence, of selfimportance, and a sense of dignity. And trusting and strong in faith he had gone about his business, the while a black shadow hung over him and a horrid Fate waited in his pathway. Now suddenly it had swooped upon him, and had seized him by the leg. Relentless, remorseless, it was; all his protests, his screams, were nothing to it—it did its cruel will with him, as if his wishes, his feelings, had simply no existence at all; it cut his throat and watched him gasp out his life. And now was one to believe that there was nowhere a god of hogs, to whom this hog personality was precious, to whom these hog squeals and agonies had a meaning? Who would take this hog into his arms and comfort him, reward him for his work well done, and show him the meaning of his sacrifice?"[132]

Folglich wird das Tier hier auf eine menschenähnliche Stufe gestellt. Diese Wesensverwandtschaft wird sogar ausgesprochen, wenn der Protest der Schweine gegen ihre Behandlung als „very human"[133] benannt wird. In diesem Punkt geht *The Jungle* eindeutig weiter als die früheren Texte. Zwar werden die Tiere bei Douai bereits als leidensfähige und beseelte Geschöpfe charakterisiert, was sie den Menschen ähnlich macht, Sinclair räumt ihrer Wesensbestimmung jedoch noch wesentlich mehr Raum ein, indem er sie quasi auf eine Stufe mit den Menschen hebt. Er steigert dies jedoch noch weiter: Sinclair charakterisiert die Tiere als vertrauensselig und vor allem als unschuldig. Da diese unschuldigen Wesen nun von Menschenhand gequält und getötet werden, erhebt er sie moralisch über den Menschen. Wird der Akt des Schlachtens bei Douai nur indirekt als Mord bezeichnet, so spricht Sinclair die Ähnlichkeit zwischen Schlachten und einer Straftat hier direkter an: „It was like some horrible crime committed in a dungeon, all unseen and unheeded, buried out of sight and of memory."[134]

---

[130] SINCLAIR, Upton: *The Jungle*, S. 38 und S. 43.
[131] SINCLAIR, Upton: *The Jungle*, S. 39 f.
[132] SINCLAIR, Upton: *The Jungle*, S. 39 f.
[133] SINCLAIR, Upton: *The Jungle*, S. 39.
[134] SINCLAIR, Upton: *The Jungle*, S. 39.

Die Menschen selbst werden in diesem Zusammenhang von Sinclair in zwei Gruppen unterteilt. Auf der einen Seite stehen die passiven Zuschauer, die sich wie Jurgis und seine Familie den Schlachtbetrieb ansehen. Auf sie hat das Geschehen eine abschreckende Wirkung. Die Schreie der Tiere bewegen sie, und vor allem die Frauen zeigen körperliche Reaktionen auf den Schlachtprozess. So werden sie unter anderem blass, weichen zurück und weinen. Aber auch die männlichen Zuschauer zeigen eine Regung, indem sie einander nervös zulachen. Dem gegenübergestellt sind die Akteure des Schlachthauses – sie lassen angesichts der schreienden Tiere und des Schlachtprozesses keinerlei Reaktion erkennen. Die zuschauenden Menschen zeigen also sehr wohl Mitleid mit den Tieren, nur die Schlachter selbst nicht. Eine derartige Unterscheidung zwischen Akteuren und passiven Zuschauern hinsichtlich ihrer Gefühle für das Schlachtvieh findet sich wie besprochen bereits bei Zola.[135] Neben der Beschreibung der Arbeitsabläufe des Schlachthofes thematisiert *The Jungle* auch die hygienischen Missstände in den Union Stockyards, von denen der Hauptcharakter Jurgis immer mehr erfährt, je länger er im Schlachthaus arbeitet und auch die weiterverarbeitenden Betriebe kennen lernt. Auslöser sind dabei meistens die schlechten Arbeitsbedingungen der Menschen, die unter Zeitdruck die Hygiene vernachlässigen müssen, oder die Gewinnsucht der Betreiber. Die Missstände reichen von Arbeitern, die im Winter ihre Füße in die toten Tiere stecken um sie aufzuwärmen, und einem, der in eine Maschine gefallen war und mit weiterverarbeitet wurde, bis zum bewussten Schlachten von verletzten, kranken, aus ungeklärter Ursache gestorbenen oder sogar trächtigen Tieren samt des Ungeborenen. Zwar gibt es eine Kontrollinstanz in Form eines staatlichen Inspektors, der die Tiere auf ihre Qualität und speziell auf Tuberkulose hin untersucht, im Roman geht dieser seiner Aufgabe aber nicht gewissenhaft nach und wird zudem absichtlich an seiner Arbeit gehindert, um schlechtes Fleisch passieren zu lassen. Auch geht die Kontrolle nur soweit, dass infiziertes Fleisch nicht ins Ausland, wohl aber im Inland verkauft werden könnte.[136]

Wo Douai noch den Fortschritt seiner Zeit hin zum zentralen Schlachthof lobt und Zola sich nur mit einer Schlachtung im kleinen Rahmen befasst, setzt sich Sinclair mit der großen Maschinerie des Schlachtens auseinander, die sich Jahrzehnte nach der Wende hin zum industrialisierten Schlachten zu einer eigenen Welt verselbstständigt hat – der von seiner Umwelt derart abgehobene Raum erinnert an Echeverrías groteske Schlachthofinszenierung, jedoch in einem monumentalen, maschinisierten Ausmaß. Der Fortschritt zeigt hier nicht nur seine guten Seiten, sondern hat auch Raum für kriminelle Machenschaften der Betreiber

---

[135] SINCLAIR, Upton: *The Jungle*, S. 38-40.
[136] SINCLAIR, Upton: *The Jungle*, S. 41, S. 68 f., S. 88 sowie S. 104 und S. 108.

bereitet, die vor allem im Bereich der Hygiene viele Errungenschaften aus Gewinnsucht wieder zunichtemachen.

Auch wenn die Beschreibung Schlachthauses im Vergleich zur übrigen Handlung nur einen Teil des Gesamtwerks ausmacht, kommt ihm dennoch in mehrerlei Hinsicht eine wichtige Bedeutung zu. Das Schlachthaus ist zu Beginn der Handlung Ausgangspunkt und Anlass zur Hoffnung auf ein besseres Leben für den Protagonisten. Jurgis tritt hier seine erste Anstellung in den Yards und gar in den Vereinigten Staaten an. Durch das so regelmäßig erzielte Einkommen ist es ihm und seiner Familie möglich, sich ein Haus zu kaufen.[137] Darüber hinaus ist das Schlachthaus ein Ort der Wende, einerseits für Jurgis Einstellung gegenüber dem Union Stockyards, und andererseits für sein Schicksal selbst. Äußert Jurgis während der Führung durch die Schlachthauseinrichtung noch größte Bewunderung für die Anlage und seine Effizienz, sieht er während seiner Arbeit, welche Abgründe sich hier bezüglich der Hygiene und auch der Behandlung der Arbeiterschaft auftun. Die Einschübe über diese Missstände dienen somit auch der Charakterentwicklung des Hauptcharakters. Indem Jurgis immer mehr über die Schattenseiten der Yards lernt, die größtenteils ihre eigentlichen Wurzeln in einer korrupten Unternehmenspolitik haben, wird seine anfängliche Begeisterung zunichtegemacht – er wird sich der wirklichen Zustände in den Yards klar. So legt das Schlachthof gleichsam das Fundament für Jurgis späteren Werdegang, der ihn letztlich zum Sozialismus führt.

Auch das Schicksal des Protagonisten nimmt aufgrund der Beschäftigung im Schlachtbetrieb eine drastische Wende. Jurgis kommt als gesunder und starker Mann und somit als ideale Arbeitskraft nach Chicago. Dieser körperlichen Voraussetzung verdankt er, dass er bereits am ersten Tag eine Stelle zugesagt bekommt. Bei der Schlachtung eines Rindes wird er jedoch schon bald schwer verletzt und verliert so seinen Arbeitsplatz. Die Verletzung markiert den Beginn seines körperlichen Verfalls, bald sticht er nicht mehr aus der Menge der erschöpften Arbeitssuchenden heraus. Eine neue Anstellung findet Jurgis nur noch schwerlich. Zugleich leitet die Verwundung den finanziellen und persönlichen Untergang der gesamten Familie ein, der letztlich in der Katastrophe mündet; Jurgis verliert seine Frau und seine Kinder, während er selbst verarmt und verwahrlost.[138]
Sinclair gibt den Untergang der Familie, und wie sie immer mehr an den Arbeits- und Lebensumständen zu Grunde geht, hier in einzelnen Schritten wieder. Diese Erzählweise

---

137 SINCLAIR, Upton: *The Jungle*, S. 49-58.
138 SINCLAIR, Upton: *The Jungle*, S. 34 und S. 129-135, sowie S. 204 f., S. 227 und S. 248.

erinnert auffällig daran, wie er die separaten aufeinander folgenden und einander bedingenden Abläufe der Schlachtung darstellt. Diese strukturelle Parallele lässt einen Deutungsversuch zu: Die erzählerische Ähnlichkeit könnte darauf hinweisen, dass die Schlachtszene als Allegorie auf das Schicksal der Hauptfigur verweist. Wird ihr Leben mit der Schlachtung gleichgesetzt, so kommt dem Protagonisten in diesem Bild stellvertretend für alle Arbeiter der Yards die Rolle des Schlachtviehs in einer Tötungsmaschinerie zu; das Schlachtvieh wird zur Metapher für die leidenden Arbeiter der Yards. Die Art, wie die Menschen in Massen vor dem Schlachthof auf Arbeit warten und darin deutlich an die vor dem Schlachthof eingepferchten Tiere erinnern, bestätigt diese Auslegung.[139] Wie die Tiere im Schlachthaus werden auch die Arbeiter der Chicagoer Fleischbetriebe schlecht behandelt, niedergerungen und letztendlich gar zerstört. Noch zu Beginn seines Werdegangs äußert Jurgis angesichts der Schlachtung „Dieve – but I'm glad I'm not a hog!"[140], doch eigentlich ist auch er selbst nicht mehr als ein Schlachttier. Genau wie dieses werden auch die Arbeiter nur benutzt, um die riesige Maschinerie der Union Stockyards am Leben zu erhalten. Sie werden somit allein auf ihren wirtschaftlichen Nutzen reduziert, schlecht behandelt und ausgenutzt. Ihre Individualität und damit ihre Träume und Wünsche sind nicht von Belang – somit ergeht es ihnen wie den Tieren, über die eben dies auch festgestellt wird. Wie die Schlachter die Tiere im Schlachthaus, so scheinen auch die Yard-Betreiber ihre Angestellten nicht als empfindungsfähige, leidende Wesen wahrzunehmen; es zählt nur, was diese der Firma geben können.[141] Auch Jurgis selbst erkennt rückblickend die Vergleichbarkeit der Schicksale von Arbeitern und Schweinen und bringt dies auf den Punkt:

> „Jurgis recollected how, when he had first come to Packingtown, he had stood and watched the hog-killing, and thought how cruel and savage it was, and come away congratulating himself that he was not a hog; now his new acquaintance showed him that a hog was just what he had been— one of the packers' hogs. What they wanted from a hog was all the profits that could be got out of him; and that was what they wanted from the workingman, and also that was what they wanted from the public. What the hog thought of it, and what he suffered, were not considered; and no more was it with labor, and no more with the purchaser of meat. That was true everywhere in the world, but it was especially true in Packingtown; there seemed to be something about the work of slaughtering that tended to ruthlessness and ferocity—it was literally the fact that in the methods of the packers a hundred human lives did not balance a penny of profit."[142]

Untersucht man diese Allegorie weiter, dann finden sich auch im Leben der Arbeiter Menschen, die sie um ihr Schicksal bedauern, sowie die Zuschauer im Schlachthaus Mitleid

---

[139] SINCLAIR, Upton: *The Jungle*, S. 135.

[140] SINCLAIR, Upton: *The Jungle*, S. 40.

[141] Vgl. dazu auch CHASTAIN, Emma (Hrsg.): Literature (Sparknotes 101), S. 440 und TICHI, Cecelia: *Exposés and Excess. Muckraking in America, 1900/2000*, Philadelphia 2004, S. 15 sowie DICKSTEIN, Morris: *Introduction to 'The Jungle'*. in: Bloom, Harold (Hrsg.): Upton Sinclair's The Jungle. Modern Critical Interpretations, New York 2002, S. 56 f.

[142] SINCLAIR, Upton: *The Jungle*, S. 340.

mit dem Schlachtvieh äußern. Im Leben des Protagonisten übernimmt diese Rolle beispielsweise die Vertreterin einer Settlement-Bewegung. Wie die Zuschauer bleiben aber auch diese weitestgehend passiv und bieten keine wirkliche Hilfe.

Mit seinem Roman *The Jungle* wollte Sinclair eigentlich in erster Linie auf die schlechten Arbeits- und Lebensbedingungen der Arbeiter in den Union Stockyards aufmerksam machen, die stellvertretend die Problematik des Kapitalismus, der von Sinclair eindimensional und politisch motiviert als das pure Böse charakterisiert wird, aufdecken sollten.[143] Der Sozialismus hingegen wird als die einzige Hilfe angepriesen, eine Ideologie, der Sinclair selbst anhing und von der er so seine Leserschaft überzeugen wollte.[144] Sein Werk erhielt in der Öffentlichkeit große Aufmerksamkeit, jedoch weniger in diesem von Sinclair intendierten Sinne.[145] Vielmehr zeigten sich die Leser schockiert von den hygienischen Bedingungen in der Fleischproduktion.[146]

Für seinen Roman hatte Sinclair extensive Recherchen über die Fleischindustrie vorgenommen. So schleuste er sich selbst als Kontrolleur für einige Zeit in die Union Stockyards ein und lernte das Leben der Arbeiter kennen, indem er z.B. an einem Litauischen Hochzeitsfest, wie es zu Beginn von *The Jungle* stattfindet, teilnahm.[147] Eine derartige Erforschung der thematisierten Umgebung und gesellschaftlichen Schicht erinnert an Zolas Vorarbeit zu *Der Bauch von Paris*.

In der Zeit nach der Veröffentlichung des Romans gingen die Verkaufszahlen für Fleisch in den Vereinigten Staaten, aber zum Teil auch in Europa, deutlich zurück, was als Reaktion auf *The Jungle* interpretiert wird. Die öffentliche Diskussion ging so weit, dass sie sogar Einfluss auf die Politik nahm. Nach Prüfung der Zustände in den Union Stockyards, die vom damals amtierenden Präsidenten Theodore Roosevelt nach Lektüre des Werks angeordnet worden war und die die Anschuldigungen Sinclairs größtenteils bestätigte, erließ die amerikanische Regierung im Jahre 1906 zwei Gesetze, die u.a. Fleischkontrollen und Hygienemaßstäbe festlegten und den Verkauf von gesundheitsschädlichen Produkten untersagten. Trotz dieses Erfolges zeigte Sinclair sich seinerseits sichtlich enttäuscht über die

---

[143] CHASTAIN, Emma (Hrsg.): Literature (Sparknotes 101), S. 437 und S. 439 f.

[144] Vgl. dazu auch DICKSTEIN, Morris: *Introduction to 'The Jungle'*, S. 50 und ELLIOTT, Emory: *Afterword to 'The Jungle'*, S. 95.

[145] YODER, Jon A.: *The Muckraker*, S. 11 und DICKSTEIN, Morris: *Introduction to 'The Jungle'*, S. 50.

[146] CHASTAIN, Emma (Hrsg.): Literature (Sparknotes 101), S. 437.

[147] DAVIES, Jude: *Naturalism and Class*, in: Newlin, Keith: The Oxford Handbook of American Literary Naturalism, Oxford (u.a.) 2011, S. 313 und CHASTAIN, Emma (Hrsg.): Literature (Sparknotes 101), S. 437.

einseitige Rezeption seines Werkes.[148]

> „[...] I aimed at the public's heart, and by accident I hit it in the stomach."[149]

Bezüglich der Schlachthausdarstellung wird durch diese Kontroverse wie auch durch den Umfang der eigentlichen Schlachthausbeschreibung im Vergleich zum restlichen Roman deutlich, dass die Thematik des Schlachtens und der mit ihr einhergehenden Aspekte der technischen Errungenschaften und Hygieneproblematik nicht im vorrangigen Interesse des Autors lagen. Dennoch wird ihr wie zuvor dargestellt innerhalb der Handlung eine wichtige Funktion zuteil als Vorausdeutung des Schicksals der Protagonisten, sowie als Spiegel des Leidens der Arbeiter. Da die Beschreibung der Schlachtung selbst, die damit einhergehende Vernachlässigung der Hygiene sowie die mangelnde Fleischkontrolle aber dennoch sehr präzise recherchiert und beschrieben wurde, scheint diese Thematik dennoch für Sinclair von gewissem Interesse gewesen zu sein.

3.5 „Les Abattoirs" von Kurt Tucholsky (1925)

Im Jahre 1925 erschien in der Wochenzeitschrift *Die Weltbühne* Kurt Tucholskys kurzer, aber prägnanter Beitrag *Les Abattoirs*, in dem der Schriftsteller den Pariser Schlachthof von La Villette thematisiert. Der Hybridtext aus Bericht, Kommentar und Kurzgeschichte wurde zunächst unter dem Pseudonym Ignaz Wrobel publiziert, das Tucholsky neben weiteren fiktiven Namen oftmals für seine Artikel verwendete.[150] Der Text schildert die subjektive Besichtigung des Schlachthauses durch den Autor, wobei die Tötung verschiedenster Tierarten mittels unterschiedlicher Schlachttechniken prägnant und detailliert wiedergegeben wird. Tucholsky schließt seine Betrachtung mit einem Verweis auf eine im Schlachthof angebrachte Tafel zum Gedenken an die Gefallenen des Ersten Weltkrieges mit der Aufschrift „La Boucherie en gros 1914-1918".[151]

Fast ein halbes Jahrhundert nach Zolas Darstellung der von einem einzelnen Mann durchgeführten Schlachtung in den Kellergewölben der Pariser Markthallen führt Tucholsky

---

[148] BECKER, Ute (Hrsg.): *Die Chronik. Geschichte des 20. Jahrhunderts bis heute*, Gütersloh/ München 2006, S. 58 und TICHI, Cecelia: *Exposés and Excess. Muckraking in America. 1900/2000*, S. 1 f. sowie YODER, Jon A.: *The Muckraker*, S. 9.

[149] YODER, Jon A.: *The Muckraker*, S. 9.

[150] GRIJN SANTEN, Wilhelm B. van der: *Die „Weltbühne" und das Judentum*, Würzburg 1994, S. 122.

[151] TUCHOLSKY, Kurt (alias Ignaz Wrobel): *Les Abattoirs*, in: Die Weltbühne, 21. Jahrgang, Berlin 1925, S. 370.

die Arbeitsabläufe der Nachfolgegeneration vor, eines industriellen, arbeitsteilig organisierten und zu Teilen maschinisierten Schlachthauses in Paris. Die präsente Technik wird dabei vom Autor nicht nur positiv bewertet, sondern soll gar eine Minderung der Fleischqualität bewirken (schnelleres Verderben des Fleischs durch das Einspritzen unreiner Luft unter die Tierhaut). Auch wenn sich hier seit Zola ein deutlicher technischer und struktureller Fortschritt der Pariser Fleischindustrie offenbart, so kann das Schlachthaus von La Villette nach Aussage des Ich-Erzählers hinsichtlich seiner technologischen Ausstattung nicht mit den „Musterschlachthöfen" Deutschlands oder der USA konkurrieren. Dies zeigt sich innerhalb des Textes auch im Vergleich zu den von Sinclair bereits wesentlich früher vorgeführten Chicagoer Stockyards: die bei Sinclair maschinell durchgeführte Entfernung der Schweineborsten beispielsweise erfolgt hier noch in Handarbeit. Der Erzähler betont allerdings dennoch die wesentlich größeren Ausmaße der Pariser Schlachthausanlage, die hinsichtlich Ihrer Größe sämtliche internationalen Betriebe überrage.[152]

Der Gang des Erzählers durch die Einrichtung, dessen architektonischer Aufbau zu Beginn des Textes lediglich grob umrissen wird, folgt nicht gänzlich dem Produktionsablauf wie noch bei Sinclair. Vielmehr gibt Tucholsky einen kurzen Überblick über mehrere Tierschlachtungen, deren brutalen Ablauf er verdichtet, aber dennoch in seinen wesentlichen Details explizit ausführt. Dabei hebt er besonderes das langsame Sterben der Tiere hervor, die zum Teil sogar bei lebendigem Leib elendig ausbluten. Der vor der Tötung ausgeführte lähmende Hammerschlag auf die Köpfe der Tiere, der wiederholt wird, sollten sich diese noch weiterhin wehren, scheint ihre Qualen nicht zu mindern. Auch wenn den Tieren weder durch den Erzähler, noch durch die menschlichen Akteure Mitleid entgegen gebracht wird, erhebt Tucholsky ihre grausame Tötung gleichwohl durch die Benennung der Schlachter als „Mörder" wie zuvor schon Douai und Sinclair zur Straftat – diese Kritik am Schlachtprozess hält den Erzähler jedoch nicht davon ab, den fachmännischen Schlachtungsablauf zu bewundern.[153]

> „Aber wann hat er den Schnitt getan – ? Er ist schon wieder zwei Meter fort, und dem Ochsen hängt der Kopf nur noch an einem fingerbreiten Streifen, das Blut brodelt heraus wie aus einer Wasserleitung. Das Tier bleibt so länger am Leben, unter der Rückenmuskulatur arbeitet es noch lange, fast zwei und eine halbe Minute."[154]

Diese hier eindringlich hervorgekehrte Brutalität kritisiert jedoch nicht vorrangig die Fleischindustrie und die in ihr üblichen Produktionsabläufe. Durch die abschließend zitierte

---

[152] TUCHOLSKY, Kurt (alias Ignaz Wrobel): *Les Abattoirs*, S. 367-369.
[153] TUCHOLSKY, Kurt (alias Ignaz Wrobel): *Les Abattoirs*, S. 367 ff.
[154] TUCHOLSKY, Kurt (alias Ignaz Wrobel): *Les Abattoirs*, S. 369.

Gedenktafel des ersten Weltkrieges wird der Darstellung des Schlachthofes eine darüber hinausgehende, wohl primär intendierte Deutungsebene zuteil. Der Terminus der Inschrift „La Boucherie en gros" („Das große Schlachten" oder gar „Massaker") schafft eine eindeutige Parallele zwischen Schlachthaus und Kriegsgeschehen. Werden die Schlachtung und das qualvolle Sterben der Tiere bei Sinclair noch auf die leidende Arbeiterschaft bezogen, kritisiert Tucholsky hier durch die auf den Krieg bezogene allegorische Schilderung des Schlachthausgeschehens so den vergangenen Weltkrieg im übertragenem Sinne dadurch als regelrecht brutale 'Abschlachtung' der beteiligten Menschen. Diese Auslegung erscheint offensichtlich, beendet Tucholsky seinen Text doch unmittelbar im Anschluss an die Inschrift mit der Aussage „Die Parallele ist vollständig". Eine derartige Deutung des Gesamttextes macht zudem auch hinsichtlich Tucholskys persönlicher politischer Einstellung Sinn, gilt er doch seit dem von ihm aktiv miterlebten Weltkrieg als Pazifist, der durch seine Texte die brutale Realität des Krieges aufzudecken und ihn somit zu entmystifizieren suchte.[155]

Anders als Douai, der ebenfalls die Beschreibung eines ausländischen Schlachthauses in einem Zeitungsartikel verarbeitet, verfolgt Tucholsky dessen Bildungsintention folglich wohl weniger. Zwar lernen die deutschen Leser auch in *Les Abattoirs* die Spezifika der geschilderten Einrichtung kennen, das Motiv des Schlachthauses wird jedoch in erster Linie für die explizite Kritik des Autors an Kriegshandlungen allgemein bzw. an dem bereits miterlebten Weltkrieg genutzt. Somit geht die Bedeutung des hier aufgegriffenen Schlachthausmotivs signifikant über eine Besprechung historisch-technologischer Fortschritte hinaus.

3.6 „Berlin Alexanderplatz" von Alfred Döblin (1929)

Im Jahre 1929 erschien der Großstadtroman *Berlin Alexanderplatz* des deutschen Schriftstellers Alfred Döblin. Erzählt wird die Geschichte des Franz Biberkopf, einem Arbeiter aus Berlin, der nach vierjähriger Haftstrafe – er hat seine Freundin Ida in Eifersucht erschlagen – in die Stadt zurückkehrt und nun ein anständiges Leben führen will. Durch den Vertrauensbruch seines Bekannten Lüders hart getroffen, gerät er jedoch mehr und mehr ins

---

[155] TUCHOLSKY, Kurt (alias Ignaz Wrobel): *Les Abattoirs*, S. 370 und vgl. dazu auch BURROWS, Stephanie: *Tucholsky and France*, London 2001, S. 101 sowie KING, Ian: *Der verhinderte Offizier. Der junge Tucholsky über Militär und Pazifismus*, in. Greis, Friedhelm (Hrsg.): Der Antimilitarist und Pazifist Tucholsky. Dokumentation der Tagung 2007 „Der Krieg ist aber unter allen Umständen tief unsittlich", St. Ingbert 2008, S. 39 ff.

örtliche Verbrechermilieu. Unwissentlich nimmt er an einem Raubzug seines neuen Freundes Reinhold teil, der ihn auf der Flucht vor Wut aus dem fahrenden Auto stößt. Franz verliert einen Arm, rafft sich jedoch wieder auf und wird Zuhälter seiner neuen Freundin Mieze. Trotz dieses Verrats zieht es Biberkopf erneut in Reinholds Bann, der ihn nun endgültig zerstören will, indem er versucht, Mieze zu verführen, und sie schließlich ermordet. Biberkopf wird als Verdächtiger verhaftet und, da er die Nahrungsaufnahme verweigert, in die Irrenanstalt eingewiesen. Eine imaginäre Begegnung mit dem personifizierten Tod lässt ihn dort erkennen, dass er selbst an seinem Schicksal die Schuld trägt. Neugeboren kehrt Biberkopf erneut in die Stadt zurück und kann nun ein anständiges Leben führen.

Döblin formt in seinem Werk ein vielschichtiges Bild der modernen Großstadt. Wie zuvor schon Zola und Sinclair hat auch Döblin den Schauplatz seines Romans, das Berlin um den Alexanderplatz, explizit studiert, um die Stadt und das entsprechende Milieu einzufangen.[156] Mittels der Montagetechnik, die die Geschichte des Franz Biberkopf immer wieder aufbricht, werden verschiedenste Sinneseindrücke und Geschehnisse innerhalb dieses schnelllebigen Lebensraumes wiedergegeben und dem Leser vor Augen geführt.[157] Neben beispielsweise biblischen und mythologischen Einschüben sticht hier besonders die Schlachthaussequenz aus dem Erzählfluss heraus. Jene Sequenz ist auf zwei Kapitel innerhalb des vierten Buchs aufgeteilt. Innerhalb der Schlachthaussequenz können drei verschiedene Schlachtungen ausgemacht werden. Die Schlachtung von Schweinen und die eines Stieres bilden hierbei ein Kapitel, die Schlachtung eines Kälbchens folgt nach. Die Schlachthaussequenz als Ganzes ist innerhalb der Handlung nach dem ersten Schicksalsschlag Biberkopfs, dem Verrat durch Lüders, situiert. Anders als viele der üblichen Montagesequenzen innerhalb des Werkes zeichnet sich die Schlachthauspassage besonders durch ihre Länge und ihren strukturierten Aufbau aus.

Beschrieben wird der Berliner Schlachthof, indem zunächst seine Lage samt einer Aufzählung der Gebäude spezifiziert und die wichtigsten Zahlen bezüglich seiner Größe, der Anzahl der Angestellten und Tiere sowie der entstehenden Kosten genannt werden. Auch die wirtschaftliche Struktur der Gesamtanlage, die neben dem Schlachthof auch den Viehhof und den Fleischgroßmarkt umfasst, wird kurz angerissen. In der Wiedergabe dieser Angaben erinnert Döblins Herangehensweise an Sinclair und Douai. Dabei fällt auf, dass durch

---

[156] KIESEL, Helmuth: *Geschichte der literarischen Moderne. Sprache. Ästhetik. Dichtung im zwanzigsten Jahrhundert.* München 2004, S. 321.
[157] Vgl. dazu auch RENZI, Luca: *Alfred Döblin – das Bild der Moderne in seiner Epik-Theorie*, in: Becker, Sabina (Hrsg.): Literarische Moderne, Berlin 2007, S. 187.

beinahe beiläufig eingestreut wirkende Hinweise der Raum des Schlachthofes von seiner Umwelt architektonisch sowie im übertragenen Sinne abgegrenzt wird. Das Areal wird von einer „schmutziggrauen Mauer [...] mit Stacheldraht"[158] umgeben, wodurch dem Schlachthof schon vor Beginn einer ausführlicheren Darlegung, der in ihm durchgeführten Tätigkeiten, eine negative Bewertung auferlegt wird. Im Kontrast dazu steht die umliegenden Umgebung, die durch „friedliche Straßen"[159] positiv von diesem abgehoben wird. Die Wiedergabe des eigentlichen Schlachtprozesses ist im Folgenden in drei Teile zu unterscheiden. Zunächst wird die Tötung der Schweine, dann die eines Stieres und zuletzt die eines Kalbes thematisiert – die erzählerische Form unterscheidet sich dabei deutlich, und muss daher voneinander getrennt betrachtet werden.[160]

Die nähere Beschreibung der Anlage und des Schlachtprozesses der Schweine folgt dem Gang des Erzählers durch das Schlachthaus, wobei dieser sich nicht starr an der Abfolge der Arbeitsschritte orientiert, wie dies noch bei Sinclair zu beobachten ist. Vielmehr erinnert die Vorgehensweise an eine unbedarfte Erkundung des Schlachthauses, wobei sich der Erzähler anfangs – dichter Dampf erschwert die Sicht – durch akustische Eindrücken leiten lässt, die bereits erste Hinweise auf das Sterben der Tiere und den dabei unterstützenden Einsatz von Maschinen geben: „Es ist nichts zu sehen, der Dampf ist zu dick. Aber dies Quietschen, Röcheln, Klappen, Männerrufe, Fallen von Geräten, Schlagen von Deckeln."[161] Zunächst gibt der Erzähler seine Erfahrung der arbeitsteilig organisierten Schweineschlachtung wieder. Besonders die hohe Anzahl der geschlachteten Tiere wird hier herausgestellt. Sie werden mit Zügen in den Schlachthof transportiert, wo sie in engen Gehegen eingepfercht ausharren. Die Schweine werden von einem Mann in den so genannten „Totschlagsbuchten"[162] eins nach dem anderen aus der Masse ausgesucht und mit einem Schlag auf den Kopf bewusstlos geschlagen.[163]

Der eigentliche, nun von anderen Schlachtern durchgeführte Schlachtprozess wird von Döblin sehr detailliert beschrieben, wobei die Arbeitsschritte durch Lautmalereien besonders untermalt und veranschaulicht werden:

[158] DÖBLIN, Alfred: *Berlin Alexanderplatz*, S. 136.

[159] DÖBLIN, Alfred: *Berlin Alexanderplatz*, S. 137.

[160] DÖBLIN, Alfred: *Berlin Alexanderplatz*, S. 136 f. sowie S. 140 und vgl. dazu auch LEIDINGER, Armin: *Hure Babylon. Großstadtsymphonie oder Angriff auf die Landschaft? Alfred Döblins Roman 'Berlin Alexanderplatz' und die Großstadt Berlin: eine Annäherung aus kulturgeschichtlicher Perspektive*, Würzburg 2010, S. 336.

[161] DÖBLIN, Alfred: *Berlin Alexanderplatz*, S. 138.

[162] DÖBLIN, Alfred: *Berlin Alexanderplatz*, S. 138.

[163] DÖBLIN, Alfred: *Berlin Alexanderplatz*, S. 137-139.

> „[...] es ist so weit, sie heben einen Schieber an der Totschlagbucht hoch, ziehen das Tier heraus, das lange Messer zum Schärfen an einen Stab gewetzt und hingekniet, schubb schubb in den Hals gestoßen, ritsch ein langer Schnitt, ein sehr langer in den Hals, das Tier wird wie ein Sack geöffnet [...].“[164]

Das Aufbrechen der Tiere wird ebenso geschildert wie das Fließen des Blutes. Anders als bei Sinclair impliziert das jedoch keine Kritik; die Vorgänge werden realistisch, aber nicht bewusst abstoßend inszeniert. Vielmehr schwingt immer eine latente Emotionslosigkeit seitens des Erzählers mit. Die Tötung der Schweine wird gar zu einer „Verwaltungsangelegenheit“ herunter reduziert.[165]

Wie schon bei Sinclair zeigt sich auch hier ein Arbeitsablauf, der nicht um ein schmerzfreies Schlachten bemüht ist. Zwar wird das Schwein zunächst durch den Schlag betäubt, wenn es aufgeschnitten wird leidet es aber sichtlich, da es „zuckt, strampelt“ und „quiekt“[166]. Der Tod tritt erst ein, wenn das Tier verblutet ist.[167]

Dieses Leiden des Tieres bei der Schlachtung wird in *Berlin Alexanderplatz* auf interessante Weise thematisiert: Der Erzähler befindet sich während der Schlachtung immer wieder in einer Art innerem Monolog, quasi einem fiktiven, einseitigen, antwortlosen Dialog mit den Schweinen. Er redet ihnen gut zu und erklärt, was mit ihnen geschieht. Gleichzeitig beschreibt und kommentiert er die Abläufe. Dabei liegt der gesamten Beschreibung eine unterschwellige Ironie inne, auch dadurch, dass er den Schweinen sogar noch eben jenes Gebäude näher erklärt, in dem sie bald getötet werden:

> „Über die Höfe, zwischen die Hallen werden die weißen drolligen Tiere getrieben, die dicken lustigen Schenkel, die lustigen Ringelschwänzchen, und grüne rote Striche auf dem Rücken. Das ist Licht, liebe Schweinchen, das ist Boden, schnubbert nur, sucht, für wieviel Minuten noch. Nein ihr habt recht, man darf nicht mit der Uhr arbeiten, immer nur schnubbern und wühlen. Ihr werdet geschlachtet werden, ihr seid da, seht euch das Schlachthaus an, das Schweineschlachthaus. Es gibt alte Häuser, aber ihr kommt in ein neues Modell. Es ist hell, aus roten Steinen gebaut, man könnte es von draußen für eine Schlosserei halten, für eine Werkstatt oder einen Büroraum oder für einen Konstruktionssaal. Ich will andersherum gehen, liebe Schweinchen, denn ich bin ein Mensch, ich gehe durch diese Tür da, wir treffen uns drin wieder.“[168]

Auch wenn die dabei veranschaulichten Reaktionen der Schweine, es „quiekt, schreit, röchelt, grunzt“[169] aus Richtung der Schlachträume, auf Schmerzen hindeuten, Mitleid zeigt der Erzähler nicht. Vielmehr wird die Schlachtung als notwendiger Schritt herausgestellt und

---

[164] DÖBLIN, Alfred: *Berlin Alexanderplatz*. S. 140.
[165] DÖBLIN, Alfred: *Berlin Alexanderplatz*. S. 139 f.
[166] DÖBLIN, Alfred: *Berlin Alexanderplatz*. S. 140.
[167] DÖBLIN, Alfred: *Berlin Alexanderplatz*. S. 139 f.
[168] DÖBLIN, Alfred: *Berlin Alexanderplatz*. S. 138 f.
[169] DÖBLIN, Alfred: *Berlin Alexanderplatz*. S. 138.

das Leid der Tiere dadurch verharmlost, dass die Schweine auch tot als niedlich und lustig anzusehen benannt werden. Auch die bereits erwähnte Ironie, die hier noch zusätzlich durch eine gewisse Naivität ergänzt wird, spielt die Qualen der Tiere herunter. Dies wird zum Beispiel deutlich, wenn der Erzähler aufgrund des Dampfes, der durch das Abbrühen der Schweine entsteht, die Annahme äußert, die Tiere würden hier vielleicht ein „russisch-römisches Bad" nehmen, oder wenn er die toten, aufgereiht liegenden Tiere als entspannt und befriedigt bezeichnet.[170]

> „[...] sehr befriedigt wie nach einem anstrengenden Bad, nach einer wohlgelungenen Operation oder Massage liegen die Schweine in Reihen auf Bänken, Brettern, sie bewegen sich nicht in ihrer gesättigten Ruhe [...]."[171]

Es zeigt sich somit eine ambivalente Auffassung des Tieres. Einerseits wird es verniedlicht und verdinglicht („Das zappelt unten. Das strampelt. Das schleudert sich auf die Seite. Das weiß nichts mehr."[172]), sein Leiden wird nicht wahrgenommen. Andererseits wird es gleichzeitig als menschenartiges Wesen aufgefasst. Dies geschieht einerseits schon allein dadurch, dass es dem Erzähler als Gesprächspartner dient und von ihm mehrmals mit „Kind"[173] angesprochen wird. Zum anderen vergleicht der Erzähler das Schreien der Tiere mit dem Schreien eines Kindes nach seiner Mutter. In diesem Falle wird dem Tier sehr wohl eine emotionale Wahrnehmung zugesprochen, es wird als sensibles, fühlendes Wesen begriffen. Schon in ihren Gehegen, in die sie nach der Anlieferung durch den Zug gesperrt sind, wird das Verhalten der Tiere in diesem Sinne modelliert. Sie leben einerseits ein sichtlich tierisches und speziell für diese Tierart typisches Verhalten aus, indem sie in der Erde wühlen, röcheln und miteinander rangeln, andererseits zeigen sie sichtliche Anzeichen der Furcht, eine Emotion, die, auch wenn Tiere sehr wohl Angst empfinden können, immer eine gewisse menschliche Dimension hat. Diese Ambivalenz wird noch deutlicher, wenn der Erzähler im Moment des Todes des Schweins jenem eine transzendente Zukunft verheißt, nur um diese direkt mit dem nüchternen Ausblick auf die weitere Verarbeitung des Schweinekörpers zu kontrastieren. Das Schwein wird zum Rohstoff. Eine in dieser Hinsicht zum Teil vergleichbare Sichtweise findet sich auch in früheren Texten. So thematisiert auch Sinclair die Möglichkeit eines Lebens nach dem Tode für Schweine.[174]

> „Er ist tief bewusstlos, wir sind in die Metaphysik, die Theologie eingetreten, mein Kind, du

[170] DÖBLIN, Alfred: *Berlin Alexanderplatz*, S. 138 f.
[171] DÖBLIN, Alfred: *Berlin Alexanderplatz*, S. 139.
[172] DÖBLIN, Alfred: *Berlin Alexanderplatz*, S. 139.
[173] DÖBLIN, Alfred: *Berlin Alexanderplatz*, S. 140.
[174] DÖBLIN, Alfred: *Berlin Alexanderplatz*, S. 137 und S. 140.

gehst nicht mehr auf der Erde, wir wandern jetzt auf Wolken. [...] So. Jetzt läßt das Zucken nach. Jetzt liegst du still. Wir sind am Ende von Physiologie und Theologie, die Physik beginnt."[175]

Die Menschen bzw. Schlachter auf der anderen Seite werden neutral behandelt. Meist nennt der Erzähler sie nur allgemein und distanziert als einen „Mann"[176] oder „einer"[177], eine negative Bewertung wie bei den vorherigen Texten als Mörder oder Barbar gibt Döblin nicht ab. Eine Kritik am Menschen kommt hier somit fast nicht vor. Im Gegenteil werden seine Aktionen sogar in mehrerlei Hinsicht verteidigt. Zum einen wird die Schlachtung der Tiere, wie schon besprochen, mehrmals als Notwendigkeit und unentrinnbares Schicksal dargestellt. Zum anderen wird die Arbeit des Schlachters nur als Ausübung eines Amtes genannt, es sind lediglich Menschen, die ihrer Arbeit nach gehen. Gleichzeitig wird der Beruf des Schlachters als eine ehrenhafte Tätigkeit herausgestellt, vergleichbar mit der eines Polizeibeamten:

> „Siehe da, das ist der letzte Mensch, der sich mit euch beschäftigt! Denkt nicht schlecht von ihm, er tut nur, was seines Amtes ist. Er hat eine Verwaltungsangelegenheit mit euch zu regeln. Er hat nur Stiefel, Hose, Hemd und Hosenträger an, die Stiefel bis über die Knie. Das ist seine Amtstracht. Er nimmt seine Zigarre aus dem Mund, legt sie in ein Fach an der Wand, nimmt aus der Ecke ein langes Beil. Es ist das Zeichen seiner behördlichen Würde, seines Rangs über euch, wie die Blechmarke beim Kriminal. Er wird sie euch gleich vorzeigen. Das ist eine lange Holzstange, die der junge Mann bis zur Schulterhöhe über die quiekenden kleinen Schweine unter hochhebt, die da ungestört wühlen, schnüffeln und grunzen. Der Mann geht herum, den Blick nach unten, sucht, sucht. Es handelt sich um ein Ermittlungsverfahren gegen eine gewisse Person, eine gewisse Person in Sachen x gegen y."[178]

In dieser Metapher, in der der Schlachter zum berechtigten und den Schweinen übergeordneten Verbrechensbekämpfer wird, nehmen die Schweine die Rolle eines Verdächtigen ein. Eine weitere Ausdeutung dieses Bildes würde somit nicht nur den Schlachter als im Sinne des Rechtes handelnden und somit tötenden definieren, sondern den Schweinen gar eine gewisse Schuld für die nun folgende Schlachtung zuweisen.

An die Schlachtung der Schweine reiht sich die Schlachtung eines weißen Stieres an. Anders als die Schweine, die in ihrer Masse thematisiert werden, wird der Stier als einzelnes Tier, dem diese Schlachtungsszene exklusiv gewidmet ist, gesondert hervorgehoben.[179] Er

---

[175] DÖBLIN, Alfred: *Berlin Alexanderplatz.* S. 140.
[176] DÖBLIN, Alfred: *Berlin Alexanderplatz.* S. 138.
[177] DÖBLIN, Alfred: *Berlin Alexanderplatz.* S. 138.
[178] DÖBLIN, Alfred: *Berlin Alexanderplatz.* S. 139.
[179] DÖBLIN, Alfred: *Berlin Alexanderplatz.* S. 141.

wird als „mächtiges" sowie als „große[s] starke[s] Tier"[180] beschrieben, was seinem Auftreten eine gewisse Erhabenheit verleiht, ganz im Gegensatz zu den verniedlichten Schweinen.

Folgte die Schlachthausbeschreibung bei den Tieren zuvor noch dem Gang des Erkunders durch die Einrichtung, so folgt der Leser nun dem Weg des Stieres in das Gebäude, wodurch die Beschreibung der Schlachtung wesentlich strukturierter erfolgt und sich, ähnlich wie bei Douai, Zola und Sinclair, am Ablauf der einzelnen Arbeitsschritte orientiert. Im Inneren des Schlachthauses, das der Stier, vom Leser begleitet, nun betritt, befinden sich noch die aufgebrochenen und zerteilten Körper der zuvor geschlachteten Rinder. Im Moment des Eintretens in das Schlachthaus, in das er durch Schläge mit dem Stock getrieben wird, sieht der Stier somit sein eigenes, bald eintretendes Schicksal.[181]

Der Erzähler selbst nimmt sich hier deutlich aus dem Geschehen heraus. Die Ironie ist einer ernsten Sachlichkeit gewichen, ein fast die ganze Szene bestimmender Dialog mit dem Schlachtvieh findet nicht statt. Lediglich zweimal wendet er sich an den Stier, als wolle er ihm das Sterben leichter machen: „Da steht er aber hinter ihm, der Schlächter, mit dem aufgehobenen Hammer. Blick dich nicht um. […] schlafe, du wirst nicht mehr aufwachen."[182] Die Schlachtung selbst ist auch hier sehr detailliert wiedergegeben, bis hin zu anatomischen Erläuterungen bezüglich der Beschaffenheit der Aderwände des Tieres. Wie schon bei den Schweinen, wird auch der Stier durch einen Schlag niedergestreckt. Hier wird dieser jedoch nicht mit dem Beil, sondern mit einem Hammer ausgeführt. Der Schlag trifft den Stier von hinten ins Genick, gefolgt von einem weiteren Schlag gegen die Schläfen, um das sich noch einmal aufgerichtete Tier vollends niederzustrecken. Durch den Hieb wird der Stier ohnmächtig und geht zu Boden. Auch hier bewahrt diese Betäubung das Schlachtvieh jedoch nicht vor Schmerzen während seiner Tötung. Zwar lässt der Stier anders als die Schweine keine lauten Schreie vernehmen, aber auch er leidet deutlich, wenn auch leiser. Der zweifach ausgeführte Schlag sowie die dennoch enormen Qualen des Tieres finden sich bereits bei Tucholsky.[183]

> „Das Tier atmet ungeheuer auf, das ist wie eine Erstickung, ein ungeheurer Reiz, es röchelt, rasselt. […] Und das Röcheln wird stärker, es ist ein sehr hingezogenes Keuchen, Verkeuchen, mit leichten abwehrenden Schlägen der Hinterbeine."[184]

---

[180] DÖBLIN, Alfred: *Berlin Alexanderplatz*, S. 140. f.
[181] DÖBLIN, Alfred: *Berlin Alexanderplatz*, S. 141.
[182] DÖBLIN, Alfred: *Berlin Alexanderplatz*, S. 141.
[183] DÖBLIN, Alfred: *Berlin Alexanderplatz*, S. 141 f.
[184] DÖBLIN, Alfred: *Berlin Alexanderplatz*, S. 142.

Bei lebendigen Leib werden dem Stier nun die Adern aufgetrennt, der Tod tritt auch hier erst langsam durch den starken Blutverlust ein. Um die Prozedur zu beschleunigen, springt einer der Schlachthausarbeiter gar noch auf dem Körper des Tieres, damit das Blut schneller austritt. Das Leiden der Tiere wird hier in Kauf genommen. Zwar betäuben die Schläge es zunächst, dies dient jedoch voranging dazu, das Tier zu Boden zu bringen und bewegungsunfähig zu machen. Die Schmerzen während der Schlachtung erlebt der Stier, wie auch schon die Schweine, deutlich. Der Erzähler gibt auch hier die schmerzerfüllten Reaktionen der Tiere wieder, ohne diese weiter zu kommentieren.[185]

Während der ganzen Schlachtung bleibt der Stier passiv und wehrt sich abgesehen von einer schwachen Abwehrbewegung der Beine, die keinerlei Effekt hat, nicht gegen die Schlachter. Ohne Gegenwehr können diese ihn in die zur Tötung vorgesehene Position befördern und diese letztendlich auch durchführen. Für dieses apathische Verhalten gibt der Erzähler zwei Erklärungsversuche an. Der Stier missdeute die Handgriffe der Arbeiter entweder als zärtliche Zuwendung, und widersetze sich daher nicht, oder er habe sein Schicksal bereits als unabwendbar erkannt und sich so in eben dieses bereitwillig ergeben. Die gefügige und gar gehorsame Haltung scheint mit der zuvor beschriebenen äußeren Erscheinung des Tieres nicht konform zu gehen, die ihm zugesprochene Stärke nutzt es hier nicht. Nur im Moment seines Todes wird der Stier noch einmal zum Akteur, indem er sich von der Welt zu verabschieden scheint, als seine zuckenden „Beine winken"[186]. Durch die Wiedergabe der Schlachtung nur eines einzelnen Tieres, das zudem beinahe laut- und bewegungslos getötet werden kann, wirkt die gesamte Szene deutlich ruhiger und entschleunigter als noch jene zuvor.[187]

Auch in dieser Schlachtung wird der Tod und die Möglichkeit eines Weiterlebens darüber hinaus thematisiert, wenngleich ausführlicher als in den Andeutungen zuvor. Das Sterben wird klar als Übergang und „Akt der Verwandlung"[188] definiert, der das vorherige Leben des Stiers beendet und ihn gleichzeitig in eine vollkommen neue Form der Existenz, in ein „neues Weltbild"[189] hinüber führt. In diesem Prozess wird besonders das Blut hervorgehoben. Es wird geschildert, wie dieses in großen Strömen aus den Adern des Tieres austritt. In den Werken zuvor – mit Ausnahme von Douai, der das Blut praktisch ausspart –

[185] DÖBLIN, Alfred: *Berlin Alexanderplatz.* S. 141 f.
[186] DÖBLIN, Alfred: *Berlin Alexanderplatz.* S. 142.
[187] DÖBLIN, Alfred: *Berlin Alexanderplatz.* S. 141 f.
[188] DÖBLIN, Alfred: *Berlin Alexanderplatz.* S. 142.
[189] DÖBLIN, Alfred: *Berlin Alexanderplatz.* S. 142.

wurde die Beschreibung des blutenden Schlachtviehs vorrangig eingesetzt, um die Grausamkeit der Situation und das Leiden der Tiere zu veranschaulichen. Döblin kontrastiert diese Erwartungshaltung hier jedoch, da er dem Blut positive Begriffe beigibt. Das Blut muss hier vergossen werden, damit die Verwandlung des leidenden Wesens vollzogen werden kann – eine geradezu christologisch anmutende Bedeutung des Blutes. So wird der Prozess der Ausblutens zum „Festjubel"[190] verkehrt, durch den das Leid beendet und nach der „Finsternis"[191] des Todes eine neue Existenz eingeläutet werden kann.[192]

> „Jetzt wird das Messer angesetzt werden, und das Blut wird herausstürzen, ich kann es mir schon denken, armdick im Strahl, schwarzes, schönes, jubelndes Blut. Dann wird der ganze lustige Festjubel das Haus verlassen, die Gäste tanzen hinaus, ein Tumult, und weg die fröhlichen Weiden, der warme Stall, das duftende Futter, alles weg, fortgeblasen, ein leeres Loch, Finsternis, jetzt kommt ein neues Weltbild."[193]

Der Mensch wird in der Szene der Stierschlachtung ähnlich wie zuvor kaum thematisiert, der Stier selbst steht im Mittelpunkt. Die Benennung der an der Schlachtung beteiligten Personen, wenn sie auch sehr selten angebracht wird, fällt hier jedoch negativer aus. So bezeichnet der Erzähler die Arbeiter als „Schlächter"[194] und einmal sogar als „Henker"[195]. Auffällig ist hier, dass der Arbeiter im Moment der betäubenden Hammerschläge zum Henker wird und nicht, wie es aufgrund der für den Stier fatalen Ereignisse naheliegender wäre, angesichts der Tötung.

Die letzte Schlachtungsepisode, die Tötung eines kleinen Kalbes, führt einige der Veränderungen von den Schweinen hin zum Stier weiter. So ist diese Schlachtung in noch ruhigerer Form inszeniert als die vorherige. Nicht nur wird hier ein Tier separat bearbeitet, sondern auch von lediglich einem Schlachter. Zudem nimmt sich der Erzähler hier noch deutlicher aus dem Geschehen heraus als schon bei der Stierschlachtung. Dafür wird dem Schlachter eine aktivere Rolle zuteil. Er führt das Tier zur Schlachtbank und spricht ihm gut zu. Damit übernimmt er gleichsam die Funktion, die zuvor noch der Erzähler ausgefüllt hat, indem er dem Schlachtvieh mit beruhigenden Worten durch die Schlachtung hilft. Das Tier selbst wird als zerbrechliches und „zarte[s]"[196] Wesen inszeniert, dass sich ohne Gegenwehr dem Willen des Schlachters fügt. Hier wird betont, dass es, im Gegensatz zum Stier, die

---

[190] DÖBLIN, Alfred: *Berlin Alexanderplatz*, S. 142.
[191] DÖBLIN, Alfred: *Berlin Alexanderplatz*, S. 142.
[192] DÖBLIN, Alfred: *Berlin Alexanderplatz*, S. 142.
[193] DÖBLIN, Alfred: *Berlin Alexanderplatz*, S. 142.
[194] DÖBLIN, Alfred: *Berlin Alexanderplatz*, S. 141.
[195] DÖBLIN, Alfred: *Berlin Alexanderplatz*, S. 141.
[196] DÖBLIN, Alfred: *Berlin Alexanderplatz*, S. 147.

Situation, in der es sich befindet, in keiner Weise deuten kann.[197]

> „Das Tier hält geduldig, es liegt jetzt hier, es weiß nicht, was geschieht, es liegt unbequem auf
> dem Holz, es stößt mit dem Kopf gegen einen Stab und weiß nicht, was das ist: das ist aber die
> Spitze der Keule, die an der Erde steht und mit der es jetzt bald einen Schlag erhalten wird."[198]

Der Schlachter andererseits wird deutlich positiv gezeichnet. Er wird nur vollkommen neutral als „alte[r] einfache[r] Mann"[199] genannt, nicht als Schlächter oder Henker. Dem Tier gegenüber erweist er sich als sanft und behandelt es gut, nicht zuletzt, da er mit weicher Stimme zu ihm spricht. Er strahlt eine sichtliche Ruhe aus, selbst als er das Kalb fachmännisch und emotionslos schlachtet.[200]

Die ruhige und beinahe schon zärtliche Art, wie der Schlachter das Tier zur Schlachtbank führt, steht im Kontrast zu der darauffolgenden, leidvollen Tötung des Kalbs. Hier wird betont, dass nur ein geringer Kraftaufwand seitens des Menschen von Nöten ist, den betäubenden Schlag „legt"[201] ihm der Mann nur in den Nacken. Auch die Bearbeitung des Tiers mit dem Messer gelingt leicht. Im Gegensatz zu den als fest beschriebenen Gefäßen des Stieres ist das Gewebe des Kalbs noch sehr weich ist. Die eigentliche Tötung beschreibt Döblin überaus explizit und realistisch, mitsamt spritzendem Blut. Auch hier erscheint die Schlachtung erneut als überaus grausamer Prozess.[202]

Erstmals thematisiert der Autor hier auch explizit jenen Moment nach der Schlachtung. Das Tier röchelt und stirbt schließlich, wobei es alleine daliegt, da der Schlachter bereits gegangen ist:

> „Nun liegt das Tier allein, jämmerlich auf der Seite, wie er es angebunden hat. In der Halle lärmt
> es überall lustig, man arbeitet, schleppt, ruft sich zu. Schrecklich hängt der Kopf abgeklappt am
> Fell herunter, zwischen den beiden Tischbeinen, überlaufen von Blut und Geifer. Dickblau ist die
> Zunge zwischen die Zähne geklemmt. Und furchtbar, furchtbar rasselt und röchelt noch das Tier
> auf der Bank. Der Kopf zittert am Fell. Der Körper auf der Bank wirft sich. Die Beine zucken,
> stoßen, kindlich dünne, knotige Beine. Aber die Augen sind ganz starr, blind. Es sind tote Augen.
> Das ist ein gestorbenes Tier. Der friedliche alte Mann steht an einem Pfeiler mit seinem kleinen
> schwarzen Notizbuch, blickt nach der Bank herüber und rechnet. Die Zeiten sind teuer, schlecht
> zu kalkulieren, schwer mit der Konkurrenz mitzukommen"[203]

Diese Einsamkeit entpuppt sich als wichtiges Thema dieser Schlachtepisode. Das

[197] DÖBLIN, Alfred: *Berlin Alexanderplatz*, S. 146 f.
[198] DÖBLIN, Alfred: *Berlin Alexanderplatz*, S. 147.
[199] DÖBLIN, Alfred: *Berlin Alexanderplatz*, S. 147.
[200] DÖBLIN, Alfred: *Berlin Alexanderplatz*, S. 147.
[201] DÖBLIN, Alfred: *Berlin Alexanderplatz*, S. 147.
[202] DÖBLIN, Alfred: *Berlin Alexanderplatz*, S. 147 f. und vgl. dazu auch LEIDINGER, Armin: *Hure Babylon*, S. 339.
[203] DÖBLIN, Alfred: *Berlin Alexanderplatz*, S. 147 f.

Mitleid des Lesers wird nicht nur durch die brutale Tötung des Tieres, sondern auch durch seine Einsamkeit im Sterben geweckt. Dabei wird das lang andauernde Leiden des Tieres noch expliziter veranschaulicht, als Döblin dies zuvor bei Schwein und Stier getan hat. Vor allem auch die Schilderung der postmortalen Zuckungen des Tierkörpers, also der Moment nach dem Tod, sind hier neu. Während das Tier elendig erstickt, herrscht um es herum geschäftiges und lustiges Treiben in der Schlachthalle, und der Schlachter notiert die Schlachtung in einem Büchlein. Der Tod des Tieres wird nur zur bloßen Zahl in der Gewinnstatistik des Schlachters, die Schlachtung ist lediglich ein Prozess, der schnellstmöglich abgearbeitet werden muss. Zusätzlich zu den in der Schlachthaussequenz genannten Zahlen unterstreicht dies noch einmal die wirtschaftliche Komponente, die dem Töten eines Wesens hier zukommt.

Diese drei, von Döblin hintereinander gestaffelten Schlachthausepisoden weisen jede für sich einen speziellen Schwerpunkt auf, von einer bloßen Wiederholung der selben Abläufe mit lediglich wechselnder Tierart kann hier somit nicht gesprochen werden. Die Schweineschlachtung legt ein besonderes Augenmerk auf die massenhafte Schlachtung der Tiere. Darin erinnert sie an die Tötung eben dieser Tierart bei Sinclair. Die Stierepisode hingegen hat einen deutlich symbolischen Charakter, ähnlich der herausgehobenen Schlachtung des einzelnen Stiers bei Echeverría, während die Schlachtung des Kalbes den Augenblick nach dem Tod erstmals gesondert thematisiert. Abgesehen von diesen jeweiligen Schwerpunkten verbindet die einzelnen Episoden die Hervorhebung der Grausamkeit der Schlachtung und des so hingenommenen Leides der Schlachttiere. Eine transzendente Zukunft, wie sie bei Sinclair lediglich als Gedankenspiel auftaucht, wird bei Schwein und Stier als Tatsache herausgestellt. Anders als bei den aufgeführten früheren Werken spielt die Hygiene, die Fleischqualität und dem von beidem abhängenden Gesundheitsrisiko bei Döblin so gut wie keine Rolle. Lediglich einige Male werden Hygienemängel angeschnitten, wenn von Blutresten auf dem Boden und im Schlachthaus rauchenden Arbeitern gesprochen wird.[204]

---

[204] DÖBLIN, Alfred: *Berlin Alexanderplatz*, S. 138 f. und S. 141.

In seinem Roman fügt Döblin die dreigliedrige Schlachthaussequenz an einem für den Werdegang des Protagonisten Franz Biberkopf signifikanten Einschnitt ein. Nach dem Verrat durch seinen Bekannten Lüders fällt Franz in einen depressiven, lethargischen und zudem selbstzerstörerischen Zustand. Er hat alle zwischenmenschlichen Beziehungen abgebrochen und gibt sich, in seine Wohnung zurückgezogen, ausschweifenden Alkoholexzessen hin.[205] Erst nach der eingeschobenen Schlachthaussequenz überwindet er diese vegetative Existenz und kehrt zu einem aktiven Leben zurück.[206] Im Folgenden lernt er Reinhold kennen, der ihn aufs schlimmste hintergeht, ihn verstümmelt und letzten Endes seine Freundin Mieze ermordet.[207] Die eigentliche Katastrophe nimmt somit nach dem Schlachthauseinschub ihren Lauf. Eine derartige Positionierung, die im Übrigen an die Verortung der Schlachtungsszene in *Der Bauch von Paris* erinnert, legt nahe, dass der Schlachthaus- und Schlachtungsbeschreibung eine symbolische Bedeutung hinsichtlich der Gesamthandlung und der Charakterentwicklung des Protagonisten zukommen könnte. Es zeigen sich Hinweise, die eine derart spezifische Deutung nahelegen. So weist die Kapitelüberschrift zur Schlachthaussequenz hier darauf hin, dass das Schlachtvieh grundsätzlich als Allegorie auf den Menschen verstanden werden kann:

„Denn es geht dem Menschen wie dem Vieh; wie dies stirbt, so stirbt er auch"[208]

Da die Schlachthaussequenz in drei Episoden unterteilt ist, die jeweils eine andere Schlachtung beschreiben, erscheint es plausibel, dass jeder für sich eine eigene Bedeutung innerhalb des Werkes zukommt, und somit auch individuell gedeutet werden muss. Die Schlachtung der Schweine setzt einen besonderen Akzent auf die massenhafte, grausame Tötung der Tiere. Eventuell könnte diese Passage als allgemeine Allegorie auf die in Biberkopfs Welt, der Stadt Berlin, vorherrschende, alltägliche Brutalität verstanden werden. Der Schlachthof als Ort der Gewalt könnte so grundsätzlich mit der Stadt gleichgesetzt sein und diese so als einen ebenso gewalterfüllten Raum charakterisieren, die große Anzahl der Schweine würde in diesem Falle die vielen Bewohner Berlins widerspiegeln.[209]

---

205 DÖBLIN, Alfred: *Berlin Alexanderplatz*, S. 109-114 und S. 128.
206 DÖBLIN, Alfred: *Berlin Alexanderplatz*, S. 148-160 und S. 169.
207 DÖBLIN, Alfred: *Berlin Alexanderplatz*, S. 177 f., und S. 208-212 sowie S. 222 und S. 344-353.
208 DÖBLIN, Alfred: *Berlin Alexanderplatz*, S. 136.
209 Vgl. dazu auch LEIDINGER, Armin: *Hure Babylon*, S. 229 f. und S. 335.

Die Forschungsliteratur verweist an dieser Stelle auf das Schlachthaus als ein Symbol, das im kollektiven gesellschaftlichen Bewusstsein der zeitgenössischen Leser vorgeprägt ist, insbesondere durch Upton Sinclairs Roman *The Jungle*, in dem die Ausbeutung der Arbeiterschaft durch den Kapitalismus anhand des Schlachthauses verbildlicht wird. Bedenkt man zudem, dass Berlin zu dieser Zeit hinsichtlich seiner materialistischen Ausrichtung als die europäische Entsprechung zu Sinclairs Chicago galt, ist eine allegorische und symbolische Deutung des Schlachthauses bezüglich der Stadt Berlin naheliegend. Da sich im Werk keine weiteren Hinweise diesbezüglich finden lassen, kann dies jedoch lediglich Spekulation bleiben.[210]

Die Deutung der zweiten Schlachtepisode hingegen erscheint wesentlich eindeutiger. Im Vergleich zur Masse der Schweine wird der weiße Stier einzeln hervorgehoben. Es erscheint plausibel, dass dieser Stier eine Allegorie für den Protagonisten Franz Biberkopf darstellt. Diese Gleichsetzung des Protagonisten mit dem Schlachtvieh wird über den Roman verstreut immer wieder angedeutet, indem Franz von Reinhold „Ochse"[211] und „Rindsvieh"[212] genannt wird. Auch Biberkopf selbst findet angesichts seines Spiegelbilds, er sähe aus „wie [ei]ne Kuh"[213]. Wie hier vom Protagonisten angedeutet, ähneln sich die Beschreibung des Stieres und die des Protagonisten in Grundzügen, da besonders ihre „stark[e]"[214] Erscheinung betont wird. Weniger die eigentliche Tötung, als vielmehr die zwei Hammerschläge gegen den Stier, werden in der Schlachtung unterstrichen.

Diese Terminologie und Motivik des Schlages, ebenso wie die des Hammers, findet sich auch in den Überschriften zu den einzelnen Büchern des Gesamtwerkes wieder. Hier bezieht sie sich auf die Schicksalsschläge, die Franz erlebt. Dabei wird der Verrat durch Lüders als der „erste[] Schlag"[215] benannt.

Der erste Schlag des Schlachters trifft den Stier von hinten in den Nacken, ein hinsichtlich Lüders passendes Bild, da besonders die Hinterhältigkeit seines Verrates betont wird. Wie der Stier den Hammerschlag nicht kommen sieht, so bemerkt auch Franz den Vertrauensbruch, der sich hinter seinem Rücken abgespielt hat, erst als es bereits zu spät ist. Franz fällt in einen selbstzerstörerischen Zustand, er geht also zu Boden, wie auch der Stier

---

[210] LEIDINGER, Armin: *Hure Babylon*, S. 333.
[211] DÖBLIN, Alfred: *Berlin Alexanderplatz*, S. 417.
[212] DÖBLIN, Alfred: *Berlin Alexanderplatz*, S. 211.
[213] DÖBLIN, Alfred: *Berlin Alexanderplatz*, S. 159.
[214] DÖBLIN, Alfred: *Berlin Alexanderplatz*, S. 130.
[215] DÖBLIN, Alfred: *Berlin Alexanderplatz*, S. 105.

nach dem Schlag zusammen bricht, und ebenso wie sich das Tier erneut auf die Beine kämpft, schafft es auch Franz, wieder hoch zu kommen und ins Leben zurück zu finden.[216]

Ignoriert man die Überschriften, könnte jener Schicksalsschlag auch der erste Schlag sein, als Reinhold Franz aus dem Wagen wirft und in Folge dessen dieser seinen Arm verliert. Franz erhält hier von Reinhold einen „Stockschlag auf den Hinterkopf"[217], der auch zum Schlag ins Genick des Stieres passen würde. Beide Auslegungen erscheinen für sich durchaus sinnvoll. Der zweite Schlag, der den Stier endgültig niederstreckt, lässt sich mit Reinholds Vergeltungsschlag, dem Mord an Mieze, assoziieren. Auch diese Deutung wird durch die Buchüberschrift vor der Ermordung durch Reinhold gefestigt:

> „Hier saust der Hammer, der Hammer gegen Franz Biberkopf"[218]

Zudem äußert Reinhold schon zuvor seine Meinung, man müsse Franz „ganz totschlagen"[219]. Nach diesem Schicksalsschlag ist es Franz nicht mehr möglich, normal weiter zu leben. Er wird in eine Irrenanstalt eingeliefert. Wie der Stier nach dem zweiten Hammerschlag geschlachtet wird und stirbt, so stirbt auch Franz symbolisch durch die Begegnung mit dem personifizierten Tod. Ergänzt wird dies durch die metaphorische Zerstückelung des Protagonisten mit einem Beil durch den Tod. Eine Parallele zum Schlachtungsprozess und der Zerteilung des Tieres erscheint dabei offensichtlich, nicht zuletzt, da Franz bei der Zerstückelung ebenso leidet wie der Stier bei der Schlachtung. Die in der Schlachtungsszene angesprochene Verwandlung, der Übergang in eine neue Existenz, vollzieht sich dadurch auch an Franz. Im Moment des Todes des Stieres zählt der Erzähler noch einmal die prägenden Stationen dessen Lebens auf, die nun zur Vergangenheit werden.[220]

> „[...] [U]nd weg die fröhlichen Weiden, der warme Stall, das duftende Futter, alles weg [...]."[221]

Ebenso muss sich Franz noch einmal mit den signifikanten Stationen und Personen seines Lebens in Gestalt von Halluzinationen auseinandersetzen: der Totschlag Idas, der Verrat durch Lüders und Reinhold und der Ermordung Miezes.[222] Er sieht seine Schuld am

---

[216] DÖBLIN, Alfred: *Berlin Alexanderplatz*. S. 141

[217] DÖBLIN, Alfred: *Berlin Alexanderplatz*. S. 212.

[218] DÖBLIN, Alfred: *Berlin Alexanderplatz*. S. 301.

[219] DÖBLIN, Alfred: *Berlin Alexanderplatz*. S. 232.

[220] DÖBLIN, Alfred: *Berlin Alexanderplatz*. S. 419-442.

[221] DÖBLIN, Alfred: *Berlin Alexanderplatz*. S. 142.

[222] DÖBLIN, Alfred: *Berlin Alexanderplatz*. S. 436-442.

eigenen Schicksal ein und bezeichnet sich noch einmal als „Vieh"[223]. Sein altes Ich vergeht nun, er tritt als neuer Mensch aus der Katastrophe heraus, der nun zu einem anständigen Leben in der Lage ist. Diese vollendete Verwandlung drückt sich am Schluss des Werkes noch einmal dadurch aus, dass Franz nun seinen Namen ändert.[224]

Folgt man dieser Deutung, die den Stier als Allegorie auf Franz versteht, und die Schlachtung mit seinem Schicksal gleichsetzt, dann könnte der Gang des Stiers in das Schlachthaus seinerseits das Eintreten des Protagonisten nach seiner Haftstrafe in die Stadt Berlin symbolisieren. In diesem Falle wäre die Stadt wie das Schlachthaus ein Ort der Gewalt, was sich durch den Roman hindurch immer wieder bewahrheitet. Zum anderen legt dies nahe, dass Franz sein Schicksal, das ihn in der Stadt erwartet, hätte sehen müssen, so wie der Stier sein Schicksal in Gestalt der bereits geschlachteten Rinder im Schlachthaus vor sich sieht. Diese Annahme greift der personifizierte Tod, der Franz im Irrenhaus erscheint, auf, wenn er Franz Biberkopf vorwirft, er sei an seinem Untergang selber schuld, da er eben diese Schicksalsschläge hätte kommen sehen müssen. Wie der Stier sich untätig in sein Schicksal fügt, so unternimmt auch Franz nichts, weder gegen Lüders noch gegen Reinhold. Obwohl er weiß, dass Reinhold ihn aus dem Wagen gestoßen hat, lässt er sich wieder in dessen Bann ziehen und missdeutet ihn als Freund, ähnlich wie der Stier die Handgriffe der Schlachter als Liebkosung versteht. Der Stier fügt sich in die optimale Schlachtposition, Franz lässt sich ebenso von Reinhold ausspielen.[225]

Die Schlachtung des Kalbes andererseits könnte als Allegorie auf die Ermordung Miezes verstanden werden.[226] Im Gegensatz zum starken Stier zeichnet sich das Kalb durch seinen zerbrechlichen und zarten Körperbau aus, eine Beschreibung, die ebenso auf Mieze zutrifft. Sie wird als „kleine Person"[227] geschildert, deren „zierliche[s]"[228] Aussehen von Franz mehrmals mit dem eines Mädchens verglichen wird. Auch wenn ihr Alter nicht genau angegeben wird, muss sie noch sehr jung sein, da Biberkopfs Bekannte Eva sagt, Mieze sei noch nicht volljährig. Eine Assoziation mit dem jungen und zierlich gebauten Kälbchen liegt somit schon aufgrund dieser Aspekte nahe.[229] Die Ausgestaltung der Schlachtungsepisode des Kälbchens zeigt in einigen wesentlichen Details deutliche Parallelen zu Miezes

---

[223] DÖBLIN, Alfred: *Berlin Alexanderplatz*. S. 442.

[224] DÖBLIN, Alfred: *Berlin Alexanderplatz*. S. 436-442 und S. 453 f.

[225] DÖBLIN, Alfred: *Berlin Alexanderplatz*. S. 15-17 und S. 429-442 sowie S. 292-299.

[226] Vgl. dazu auch COLE, Sarah: *At the Violent Hour. Modernism and Violence in England and Ireland*, New York 2012, S. 19.

[227] DÖBLIN, Alfred: *Berlin Alexanderplatz*. S. 256.

[228] DÖBLIN, Alfred: *Berlin Alexanderplatz*. S. 257.

[229] DÖBLIN, Alfred: *Berlin Alexanderplatz*. S. 256-258.

Ermordung. Reinhold umschmeichelt Mieze, um sie für seine Zwecke zu missbrauchen und sie in den Wald zu führen. Hier bringt er sie durch nette Worte und zärtliche Umarmungen dazu, sich mit ihm in die Kute, eine Kuhle im Wald, zu legen, wo er sie verführen will, sie aber letztendlich erwürgt.[230]

> „Da hat er sie in den Armen. Zwei Arme hat der Junge. Und wie der pressen kann. [...] Sein Arm liegt an ihrem, sie gehen, die Bäume singen. 'Kuck, Mieze, da ist ne schöne Kute, die ist für uns gebaut – kuck mal. Ne Wochenendskute.' [...] 'Na, meinetwegen. Een Mantel runter wärs schöner.' 'Wart mal, Mieze, zieh mir die Jacke aus.' 'Hübsch von dir.' Da liegen sie schräg abwärts in einer Grasmulde, [...] sie dreht sich auf den Leib, legt ruhig einen Arm über seine Brust. Da wären wir."[231]

Ebenso führt der Schlachter das Kalb mit sanftem Zureden zur Schlachtbank und legt es auf dieser nieder. Obwohl das Kalb bereits auf der Bank platziert ist und mit seinem Kopf schon gegen die Keule stößt, mit der es wenig später niedergestreckt werden wird, weiß es nicht, was auf es zukommt. Auch Mieze erkennt ihre Lage nicht, sondern lässt sich weiter auf Reinhold ein. Erst kurz vor ihrem Tod erkennt sie in ihm jenen Mann, der Franz töten wollte, indem er ihn aus dem fahrenden Auto stieß. Ein Kontrast zwischen dem liebevollen Hinführen und dem brutalen Töten findet sich bei Reinhold und Mieze ebenso wie bei Schlachter und Kalb. Das Wesen des Kalbs hat dabei für den Schlachter keinerlei Bedeutung. Er reduziert es lediglich zur Zahl in seiner Kalkulation und zu einem von vielen Arbeitsschritten auf seinem Weg zum monetären Gewinn. Mieze ihrerseits und ihr Tod ist für Reinhold auch lediglich ein Schritt in seinem Plan, Franz zu vernichten. Mitleid empfinden weder der Schlachter noch Reinhold. Eine Ausdeutung der Kalbschlachtung in dieser Form wird in der weiteren Handlung bestätigt.[232] Wenn Reinhold sich Mieze immer weiter annähert und ihr Tod kurz bevor steht, wird die Schlachtung des Kalbes noch einmal in einem kurzen Einschub aufgegriffen: „Wenn man ein Kälbchen schlachten will, bindet man ihm einen Strick um den Hals, geht mit ihm an die Bank. Dann hebt man das Kälbchen hoch, legt es auf die Bank und bindet es fest."[233]

Auch die Ermordung selbst erinnert in Struktur und Terminologie an die Schlachtung des Kalbes. Wie jenes mit den Beinen zuckt und ausschlägt, so wird auch Miezes Gegenwehr gegen Reinhold in dieser Weise beschrieben. Dem Schlag des Schlachters ins Genick des Tieres entspricht hier Reinholds Griff um Miezes Hals, wobei seine in ihrem Nacken

---

[230] DÖBLIN, Alfred: *Berlin Alexanderplatz*. S. 344-353.
[231] DÖBLIN, Alfred: *Berlin Alexanderplatz*. S. 348.
[232] DÖBLIN, Alfred: *Berlin Alexanderplatz*. S. 344-353.
[233] DÖBLIN, Alfred: *Berlin Alexanderplatz*. S. 351.

liegenden Daumen gesondert hervorgehoben werden. Das schon zuvor auftretende Motiv des Schlagens, das als verbindendes Element zwischen der Schlachthausepisode und wichtigen Etappen der Handlung fungiert, wird auch hier bildlich aufgegriffen, diesmal in Form der Amboss-Tätowierung auf Reinholds Brust.[234] Reinhold erdrosselt die junge Frau schließlich, Mieze muss folglich analog zum Kalb elendig ersticken.

In beiden Fällen tritt der Tod erst langsam nach langem Leiden ein:

> „Er kniet von oben über den Rücken, seine Hände sind um ihren Hals, die Daumen im Nacken, ihr Körper zieht sich zusammen, zieht sich zusammen, ihr Körper zieht sich zusammen. […] Sie wirft sich noch, sie zappelt, sie schlägt hinten aus. […] Darauf schlägt man mit der Holzkeule dem Tier in den Nacken und öffnet mit dem Messer an beiden Halsseiten die Schlagadern. Das Blut fängt man in Metallbecken auf."[235]

Der in der Kalbschlachtung besonders thematisierte Moment nach dem Tod des Tieres findet sich auch im Falle der Ermordung Miezes wieder. Auch hier ist wichtig, was mit ihrer Leiche nach dem Mord geschieht. Wie der Schlachter das Tier auf der Schlachtbank alleine zurücklässt, so lässt auch Reinhold Miezes Körper im Wald versteckt zurück. Durch das Auffinden der Leiche wird die Handlung später weiter vorangetrieben, da zunächst Franz des Mordes verdächtigt und ins Irrenhaus eingewiesen wird, und schließlich Reinhold überführt und verurteilt wird.[236]

Besonders die Schlachtung des Stiers sowie des Kalbs fungieren innerhalb der Gesamthandlung also auch hier als nähere Charakterisierung der Situation, in der sich der Protagonist befindet, sowie auch als eine Art Vorhersehung des kommenden Schicksals der Figuren. Die Positionierung nach dem Verrat durch Lüders aber vor der eigentlichen Katastrophe, die erst im Zuge der Bekanntschaft zwischen Franz und Reinhold hereinbricht, macht daher durchaus Sinn. In dieser Funktion erinnert die Schlachthausszene in Döblins *Berlin Alexanderplatz* an den Gebrauch von Schlachthaus und Schlachtprozess in Zolas *Der Bauch von Paris* und Sinclairs *The Jungle*.

Die genaue Beschreibung des Schlachtprozesses kann auch bei Döblin sicherlich zudem als Spiegel der Zustände in der zeitgenössischen Fleischindustrie gesehen werden. Erwiesenermaßen bezieht der Autor sich hier auf Reportagen, die zeitgleich detailliert die Abläufe im Berliner Schlachthaus wiedergaben.[237] Von einer realistischen Darstellung der

---

[234] Vgl. dazu auch LEIDINGER, Armin: *Hure Babylon*, S. 348.
[235] DÖBLIN, Alfred: *Berlin Alexanderplatz*, S. 352 f.
[236] DÖBLIN, Alfred: *Berlin Alexanderplatz*, S. 353 und S. 376 f. sowie S. 408-410 und S. 451 f.
[237] LEIDINGER, Armin: *Hure Babylon*, S. 335 f.

Begebenheiten kann somit ausgegangen werden. Der Autor scheint jedoch seine Leserschaft weder wie Douai über die technische und wirtschaftliche Funktionalität von Schlachthäusern aufklären, noch Missstände im Bereich der Hygiene aufzeigen zu wollen wie Sinclair. Lediglich das hier so zentral veranschaulichte Leiden der Tiere muss dem zeitgenössischen Leser zu denken gegeben haben. Eine derartige Reflexionsanregung wird auch durch Döblins Erzählweise besonders gefördert. Sowohl die ironische und naive Kommentierung der Schlachtabläufe durch den Erzähler, als auch die Dialoge mit dem Schlachtvieh, insbesondere die beschwichtigenden Versicherungen, dass alles so geschehen müsse, regen zum Diskurs über den Ort des Schlachthauses, die Behandlung der Tiere und die Grausamkeit der Tötung an.[238]

3.7 „Die heilige Johanna der Schlachthöfe" von Berthold Brecht (1931)

Bereits 1925 hatte Wladimir Majakowskij mit seinem Bericht *Meine Entdeckung Amerikas*[239] Sinclairs Thematik des Chicagoer Schlachthauses aufgegriffen, indem er die Betriebe und die in ihnen stattfindende Fleischproduktion aus seiner Perspektive als ausländischer Besucher inszeniert. Zeigt sich somit auch an diesem Werk eine explizite Verknüpfung und Bezugnahme unter den Quellen der Schlachthausliteratur, wird dies jedoch sechs Jahre später in Berthold Brechts *Die heilige Johanna der Schlachthöfe* noch anschaulicher. Auch Brecht bezieht sich bewusst auf Sinclairs *The Jungle,* wählt jedoch einen vollkommen anderen Ansatz als noch Majakowskij. Mit Brechts *Die heilige Johanna der Schlachthöfe*[240] erscheint im Jahre 1929 ein Werk, das, anders als die bisher besprochenen Romane und Erzählungen, das Thema Schlachthof als Theaterstück verarbeitet. Ist das Schlachthaus auch hier von zentraler Bedeutung, so gebraucht Brecht es jedoch mehr als Schauplatz und Hintergrund für sein Stück, ohne die Arbeit und Produktionsabläufe allzu direkt zu thematisieren. In den Fokus werden fast einzig die Schlachthofarbeiter gerückt. In diesem Aspekt sticht Brechts Werk aus den vorherigen hervor.

Das Stück handelt von Johanna Dark, einer Anhängerin der Schwarzen Strohhüte, einer Art Hilfsarmee, die den Arbeitern der bis auf weiteres geschlossenen Schlachthöfe in

---

[238] Vgl. dazu auch LEIDINGER, Armin: *Hure Babylon*, S. 342.
[239] Siehe dazu MAJAKOWSKIJ, Wladimir: *Meine Entdeckung Amerikas*, Berlin 1948, S. 73 ff.
[240] Im Folgenden wird der Titel nur noch, wie in der Forschung üblich, als *Heilige Johanna* wiedergegeben.

Chicago helfen und ihnen Gott näherbringen will. Da die Fleischfabrikanten den Fleischmarkt fast vollständig zum Erliegen gebracht haben, indem sie sich gegenseitig stets preislich unterboten haben, musste die Arbeit in den Schlachthöfen eingestellt werden. Johanna bemüht sich zwischen den Verantwortlichen und den nun vor den Schlachthöfen ausharrenden Arbeitern zu vermitteln. Als sie die Machenschaften der nur auf ihren Gewinn bedachten Fabrikanten, allen voran des Fleischkönigs Mauler, durchschaut, gibt sie ihre religiöse Mission auf und schlägt sich auf die Seite der Arbeiter. Johanna wird gebeten, einen Brief zu übermitteln, der einen durch die Kommunisten organisierten Generalstreik koordinieren soll. Sie unterschlägt diesen aus Angst, der Streik würde in Gewalt umschlagen. Dadurch hilft sie aber unbewusst den Fabrikanten, die den Markt retten und ihre Fabriken wieder öffnen können, während die durch den ausbleibenden Streik unkoordinierten Arbeiter ihren Forderungen nachgeben. Jedoch wird nur ein Teil der Arbeiter wiedereingestellt, und das auch lediglich bei gekürztem Lohn. Ihren Fehler erkennend stirbt Johanna, während die Fabrikanten sie zur Heiligen der Schlachthöfe ausrufen.

Mit den Schlachthöfen von Chicago greift Brecht hier jenen Schauplatz auf, den auch schon Upton Sinclair in *The Jungle* thematisiert, und der sich zudem in den 1920er Jahren zum Synonym für kriminellen Kapitalismus und die Ausbeutung der Arbeiterschaft etabliert hat.[241] Es ist belegt, dass Brecht Sinclairs Werk kannte, da er dessen Lektüre bereits 1920 im Zuge der Besprechung einer Don-Carlos-Inszenierung nahelegte.[242] Von einer konkreten Bezugnahme Brechts kann folglich ausgegangen werden, die Forschung sieht in Sinclairs *The Jungle* gar eine der Hauptquellen Brechts.[243] Im Stück wird dies, neben der Wahl des Ortes, in mehrerlei Hinsicht deutlich. So greift Brecht eindeutig Fakten bezüglich der Arbeitsbedingungen und Zustände in den Schlachthöfen auf, die bereits Sinclair in seinem Roman nennt. Beispielsweise wird Johanna Zeugin, wie der Tod eines Arbeiters, der in die Maschinen gefallen ist, vertuscht werden soll, wie ein Arbeiter über die Arbeitsbedingungen in den Kunstdüngefabriken klagt, und wie ein anderer die Sorge äußert, sein Haus zu verlieren, wenn er die Rate nicht zahlen könne.[244] Die beiden letzteren Aspekte erinnern stark an das Schicksal des *The Jungle*-Protagonisten Jurgis, so wie sich auch die vor dem Schlachthof auf Arbeit wartenden Menschenmassen bereits bei Sinclair finden.[245] Ebenso

---

[241] ADAMIC, Louis: *Dynamit. Geschichte des Klassenkampfes in den USA (1880-1930)*, München 1974, S. 66.

[242] MÜLLER, Klaus-Detlef: *Bertolt Brecht. Epoche – Werk – Wirkung*, München 2009, S. 56.

[243] KNOPF, Jan: *Der Schauplatz: Chicago und seine Schlachthöfe*, S. 75.

[244] BRECHT, Bertolt: *Die heilige Johanna der Schlachthöfe*, 35. Auflage, Berlin 2012, S. 18 und S. 33-35 sowie SINCLAIR, Upton: *The Jungle*, S. 131 und S. 139-142 und vgl. dazu auch KETELSEN, Uwe-K.: *Kunst im Klassenkampf: 'Die heilige Johanna der Schlachthöfe*, in: Hinderer, Walter (Hrsg.): Brechts Dramen. Neue Interpretationen, Stuttgart 1984, S. 111.

[245] BRECHT, Bertolt: *Die heilige Johanna der Schlachthöfe*, S. 17 und SINCLAIR, Upton: *The Jungle*, S. 135.

bezüglich der hygienischen Mängel scheint Brecht sich auf *The Jungle* zu beziehen, wenn die Fleischfabriken als „Drecklöcher"[246] und „Sudelküchen"[247], das Produkt als „verschmiertes Fleisch"[248] benannt werden. Anders als Sinclair, der dem Leser die Schlachtung wie auch die Arbeit der Schlachthofangestellten vorführt, gewährt Brecht jedoch keinen Einblick in dessen Inneres – einzige Ausnahme ist hier die Beschreibung einer Packmaschine, die ohne menschliches Zutun ein Schwein gänzlich zerlegen und verpacken kann, und somit einen deutlichen Hinweis auf die von Sinclair und auch Douai zuvor schon so detailliert beschriebene Industrialisierung und Mechanisierung des Schlachtbetriebs gibt.[249] Vielmehr rückt Brecht indes fast ausschließlich das Elend der Arbeiter und die ausbeuterischen Machenschaften des Kapitalismus, der vor allem durch Mauler personifiziert wird, in den Fokus.[250] Auch in diesem Aspekt lehnt er sich an die Intention Sinclairs an, scheint hier aber weiter zu gehen. Sinclairs eigentliche Zielsetzung, den Kapitalismus am Beispiel des Elends der Schlachthofarbeiter anzuprangern und den Sozialismus als Lösung darzustellen, wurde in der öffentlichen Wahrnehmung seiner Zeit weniger beachtet als die vernachlässigte Hygiene in den Fabriken Chicagos. Indem Brecht das Schlachthaus zwar als Bühne für seine Kritik am Kapitalismus nutzt und ihm den Kommunismus entgegensetzt, die Fleischproduktion selbst aber kaum thematisiert, rückt der wirtschaftliche Hintergrund, das Leid der Arbeiterklasse und somit Brechts eigentliche Intention dagegen unmissverständlich in den Mittelpunkt des Stücks.[251] Brecht greift also Sinclairs Ideen zwar auf, setzt sie aber in diesem Sinne konsequenter um und scheint somit aus den 'Fehlern' Sinclairs bzw. seinem Scheitern, das dieser ja auch öffentlich formuliert hat, gelernt zu haben. Trotz der Tatsache, dass Sinclair die Kritik am Kapitalismus mehr im Zentrum der öffentlichen Aufmerksamkeit gewünscht hatte, scheinen für ihn dennoch auch die Missstände der Fleischproduktion von nicht geringer Relevanz gewesen zu sein, andererseits hätte er sie wohl kaum derart ausgiebig thematisiert (vgl. 3.4). Zur Zeit der Entstehung von *The Jungle* scheinen Themen wie Hygiene und Fleischqualität also sehr wohl von Bedeutung gewesen zu sein. Beinahe ein Vierteljahrhundert später, als Brecht die *Heilige Johanna* veröffentlicht, hat sich dies womöglich geändert. Mehr als die Produktionsumstände interessieren nun die Vorgänge an den kapitalistischen Märkten und die Rolle weniger Großindustrieller, durch deren

---

[246] BRECHT, Bertolt: *Die heilige Johanna der Schlachthöfe*, S. 10.

[247] BRECHT, Bertolt: *Die heilige Johanna der Schlachthöfe*, S. 10.

[248] BRECHT, Bertolt: *Die heilige Johanna der Schlachthöfe*, S. 10.

[249] BRECHT, Bertolt: *Die heilige Johanna der Schlachthöfe*, S. 23 f.

[250] THOMSEN, Frank/ MÜLLER, Hans-Harald/ KINDT, Tom: *Ungeheuer Brecht. Eine Biographie seines Werks.* Göttingen 2006, S. 150 und BRECHT, Bertolt: *Die heilige Johanna der Schlachthöfe*, S. 9 f.

[251] Vgl. dazu auch FOCKE, Ann-Christin: *Unterwerfung und Widerstreit. Strukturen einer neuen politischen Theaterästhetik*, München 2011, S. 28 f.

Spekulationen ganze Wirtschaftszweige und mit ihnen tausende Arbeiter ruiniert werden können. Den Grund dafür könnte die Weltwirtschaftskrise von 1929 liefern, eben jener Zeit, in die auch die Entstehung des Stückes fällt. Brecht greift die Auswirkungen jener realen Krise am Ende des Stückes noch einmal konkret auf, wenn er mittels Lautsprecherdurchsagen etwa Arbeitslosenzahlen und Berichte über Streiks ausrufen lässt.[252] Durch die Konzentration auf diese marktwirtschaftlichen Abläufe rücken andere Aspekt, die noch in vorherigen Werken beleuchtet wurden, gezwungenermaßen in den Hintergrund. Tritt das Tier und seine Rolle im Schlachtprozess zuvor immer mehr ins Interesse der Autoren, taucht es bei Brecht nicht einmal mehr als Figur auf. Die zuvor besprochenen Werke, auch Brechts Inspirationsquelle *The Jungle*, führen das Tier noch als empfindungsfähiges Wesen vor, dem zuweilen gar ein Leben nach dem Tod zugesprochen wird. Bei Brecht wird es dagegen geradezu zum Produkt degradiert, das nur noch als abstrakte Zahl auf der Viehbörse gehandelt wird.[253] Damit teilt es in gewissen Maßen das Schicksal der Arbeiterschaft, da auch diese in den Gewinnkalkulationen der Fleischbosse nur als Zahlen wahrgenommen wird.[254] Das Leid der Tiere wird dementsprechend in der *Heiligen Johanna* auch nicht vorrangig erörtert. Nur der Fleischfabrikant Mauler berichtet vom „Gebrüll"[255] und „Ächzen"[256] des Viehs, woraus man entnehmen kann, dass auch Brecht seinerzeit nicht von einer schmerzfreien Schlachtung der Tiere ausgeht.

Davon abgesehen sprechen die Figuren überhaupt nur wenige Male über das Schlachtvieh, wobei es hier nicht konkret thematisiert wird, sondern zusammen mit dem Schlachtprozess selbst in mehrerlei Hinsicht als Metapher dient. So umschreibt Mauler den Konkurrenzkampf mit den anderen Fleischfabrikanten, infolge dessen er diese zu ruinieren sucht, mit Worten, die klar dem Schlachtmilieu entlehnt sind:

> „Ich will kein Quentchen Fleisch herauslassen, damit ich/ Ihnen diesmal die Haut endgültig abzieh/ Wie's mir Natur ist."[257]
> „Sie sollen bluten, aber sie dürfen nicht/ Verrecken, wenn sie hin sind/ Sind wir auch hin."[258]

Die Metapher wird auch genutzt, wenn Mauler den finanziellen Ruin als „den dunklen

[252] BRECHT, Bertolt: *Die heilige Johanna der Schlachthöfe*, S.146 f. und vgl. dazu auch MÜLLER, Klaus-Detlef: *Bertolt Brecht. Epoche – Werk – Wirkung*, S. 103.
[253] BRECHT, Bertolt: *Die heilige Johanna der Schlachthöfe*, S. 100-103.
[254] BRECHT, Bertolt: *Die heilige Johanna der Schlachthöfe*, S. 9 und S. 23 sowie S. 137.
[255] BRECHT, Bertolt: *Die heilige Johanna der Schlachthöfe*, S. 25.
[256] BRECHT, Bertolt: *Die heilige Johanna der Schlachthöfe*, S. 8.
[257] BRECHT, Bertolt: *Die heilige Johanna der Schlachthöfe*, S. 79.
[258] BRECHT, Bertolt: *Die heilige Johanna der Schlachthöfe*, S. 101.

Weg zum Schlachthof"[259] bezeichnet und seine Konkurrenten Maulers Vorgehen gegen sie mit tödlichen Schlägen, wie sie für gewöhnlich das Schlachtvieh empfängt, assoziieren: „Denn wir empfingen deine Nackenstreiche."[260]

Am prägnantesten wird sie jedoch auf den Preiskampf an der Viehbörse angewandt. Mauler, der durch gekonntes Kalkül allein noch im Besitz von Tieren ist, die wiederum dringend von den übrigen Fleischfabrikanten benötigt werden, lässt seinen Makler Slift den Viehpreis auf der Viehbörse in die Höhe treiben. Als dieser ihm zu weit geht, ruft er Slift zurück:

> „Mauler: `Slift, mir ist übel,/ laß nach.´ Slift: `Ich denk nicht dran. Sie können noch. Und/ wenn du schwach wirst, Mauler, treib ich sie höher.´ Mauler: `Slift, ich muß an die Luft. Führ du/ Die Geschäfte weiter. Ich kann's nicht.[...]´"[261]

Maulers Wunsch sich zu entfernen, da er das Miterlebte nicht mehr ertrage, spiegelt eine seiner Aussagen bezüglich seines Schlachtbetriebs zu Beginn des Stücks wieder. Beim Anblick der Schlachtung eines Ochsen war es ihm da, als wenn er selbst niedergestreckt würde. Daraufhin begründet er sein Vorhaben, sich aus dem Fleischgeschäft zurückzuziehen, damit, dass er das Geschäft nicht mehr aushalte:

> „Erinnere, Cridle, dich, wie wir vor Tagen – / Wir gingen durch den Schlachthof, Abend war's – / An unsrer neuen Packmaschine standen./ Erinnere, Cridle, dich an jenen Ochsen/ Der blond und groß und stumpf zum Himmel blickend/ Den Streich empfing: mir war's, als gält er mit. [...]/ Ich hätte nicht zum Schlachthof gehen sollen!/ Seit ich in dies Geschäft hineinging, also sieben/ Jahre, vermied ich's, Cridle, ich vermag's/ Nicht länger: heute noch geb ich es auf, dies blutige Geschäft."[262]

Der kapitalistische Prozess des Preiskampfs wird folglich klar mit dem Schlachtprozess gleichgesetzt und somit indirekt als blutig und grausam tituliert. Die Metapher des Schlachthofes wird zudem auch erweitert, indem die Arbeiter und ihr Verhältnis zu den Arbeitgebern mit dem Verhältnis von Tier und Schlachter verglichen werden, wobei der vor dem geschlossenen Schlachthaus wartende Arbeiter dem Willen der Fabrikanten ausgeliefert ist, wie das Schlachtvieh dem Metzger:

> „Wofür halten uns die? Glauben sie/ Wir stünden wie Ochsen da, bereit/ Zu allem? [...]/ Warum nicht aufgemacht, ihr Schinder? Hier/ Stehen eure Ochsen, ihr Metzger, aufgemacht!"[263]

Der Arbeiter wird somit als passives, fremdbestimmtes Wesen identifiziert. Betrachtet

---

259 BRECHT, Bertolt: *Die heilige Johanna der Schlachthöfe*, S. 82.
260 BRECHT, Bertolt: *Die heilige Johanna der Schlachthöfe*, S. 125.
261 BRECHT, Bertolt: *Die heilige Johanna der Schlachthöfe*, S. 103.
262 BRECHT, Bertolt: *Die heilige Johanna der Schlachthöfe*, S. 7 f.
263 BRECHT, Bertolt: *Die heilige Johanna der Schlachthöfe*, S. 10.

man all diese Facetten der von Brecht eingesetzten Schlachthausmetapher, bildet sich ein Gesamtbild des Schlachthofes als Ort der Brutalität, Willkür und fehlenden Moral, ähnlich dem bereits von Echeverría, Sinclair und Döblin gebrauchten Schlachthausbild. Diese Vielschichtigkeit vereint sich letztendlich, wenn Johanna eine durch derartige Merkmale definierte Welt mit einem Schlachthaus vergleicht:

> „In finsterer Zeit blutiger Verwirrung/ Verordneter Unordnung/ Planmäßiger Willkür/ Entmenschter Menschheit/ […] In solche Welt, gleichend einem Schlachthaus/ […] Wollen wir wieder einführen/ Gott."[264]

3.8 „Schlachthof 5 oder Der Kinderkreuzzug" von Kurt Vonnegut (1969)

Kurt Vonneguts viel beachteter Roman *Schlachthof 5 oder Der Kinderkreuzzug*[265] wurde 1969 veröffentlicht und ist somit eines der jüngsten der hier herangezogenen Werke. Vonnegut überlebte als amerikanischer Soldat in deutscher Kriegsgefangenschaft die Bombardierung Dresdens. In seinem Werk verarbeitet der Autor auf eigentümliche Weise seine Kriegserinnerungen und vor allem die Erinnerungen an die Bombardierung Dresdens.[266]

Der Protagonist Billy Pilgrim teilt im Wesentlichen jene Erfahrung des Autors. Er wird während des Krieges von deutschen Soldaten festgenommen und in das zum Gefängnis umfunktionierte Dresdener Schlachthaus zur Zwangsarbeit gebracht, wo er den Angriff der Alliierten auf die Stadt im Fleischkeller überlebt. Dieser Haupthandlungsstrang wird immer wieder durch andere Episoden seines Lebens unterbrochen, denn Billy Pilgrim erlebt seit dem Krieg immer wieder zufällige Zeitsprünge, die ihm erlauben, verschiedenste Ereignisse erneut zu erleben. So erfährt der Leser beispielsweise, dass Billy in der Zukunft ermordet werden wird und dass er nach dem Krieg zeitweise von Außerirdischen entführt und auf deren Planeten Tralfamadore in einem Zoo ausgestellt wird. Die Tralfamadorianer sind Wesen, die nicht durch eine lineare Zeit gebunden sind; sie kennen bereits jeden Moment ihres Lebens und können sich zu beliebigen Ereignissen in diesem begeben. Ihre Philosophie, dass man sein Schicksal nicht ändern kann und sich daher auf die schönen Momente konzentrieren soll, macht sich auch der Protagonist zu eigen, so dass er sein Schicksal, das letztendlich in seiner Ermordung mündet, untätig annimmt.

Der Roman trägt den Titel *Schlachthof 5*, allerdings spielt sich nur ein Teil der Gesamthandlung im Dresdener Schlachthof selbst ab. Anders als die vorherigen Werke thematisiert Vonnegut nicht die Fleischproduktion, vielmehr wird direkt zu Beginn der

---

264 BRECHT, Bertolt: *Die heilige Johanna der Schlachthöfe*, S. 12.
265 Der Titel wird im Folgenden nur noch verkürzt mit „Schlachthof 5" angegeben.
266 ALLEN, William Rodney: *Slaughterhouse-Five*, in: Bloom, Harold: Kurt Vonnegut's Slaughterhouse-Five. Bloom's Modern Critical Interpretations, New York 2009, S. 3.

Schlachthofsequenz festgestellt, dass dieser „kein geschäftiger Ort mehr"[267] sei und dass „[b]einahe alle Huftiere in Deutschland […] getötet, gegessen und ausgeschieden worden" seien. Der Schlachthof wird nur in wenigen Worten beschrieben. So lernt der Leser, dass das Gelände an das Schienennetz angeschlossen ist – die Gefangenen kommen mit dem Zug an – und dass es mehrere Gebäude gibt, darunter eine Küche, in der die Gefangenen ihre Mahlzeiten erhalten, und ein Schweinestall.[268]

Letzterer ist neben dem Keller das einzige Gebäude, das näher beschrieben wird, wenn diese Beschreibung sich auch auf einige grobe Aspekte begrenzt, wie die Stockwerkanzahl, die Beschaffenheit der Türen und einige Einrichtungsgegenstände. In diesem Stall, in dem zuvor die Schweine bis zur Schlachtung verweilten, wird der Protagonist mit einigen Mitgefangenen untergebracht, auf der Tür steht eine große Fünf und die deutsche Wache sagt, sie sollten sich ihre Adresse „Schlachthof 5" merken.[269]

Der Autor scheint durch diese Inszenierung der Ankunft der amerikanischen Gefangenen die Rolle von Tier und Mensch zu tauschen. Eigentlich sind es die Schlachttiere, die im Zug in den Schlachthof und daran anschließend in den Stall gebracht werden. Wie der Text sagt, ist der Stall eigentlich der „Aufenthaltsraum"[270] der auf die Schlachtung wartenden Tiere. Nun wird er zur Heimat der Kriegsgefangenen. Naheliegend ist, dass Vonnegut hier den Raum des Schlachthauses und die mit ihm assoziierten Vorgänge als Allegorie verwendet, um das Schicksal der Gefangenen näher zu beleuchten. Diese Allegorie des Schlachthauses kann zum einen allgemein darauf verweisen, dass die Soldaten in den Krieg wie in das sprichwörtliche Schlachthaus geschickt wurden, besonders junge Männer wie Billy Pilgrim, deren junges Alter und Unerfahrenheit im Roman sowie im Titel immer herausgestellt wird; Billy beispielsweise trägt fast die ganze Handlung hindurch nicht einmal eine Waffe.[271] Hier spielt auch die terminologische/etymologische Verwandtschaft von 'schlachten' (eines Tieres) und '(ab)schlachten' im kriegerischen Sinne mit hinein (im englischen „slaughter" ebenfalls vorhanden). Zum anderen spiegelt das Schlachthaus möglicherweise die Befürchtungen der Gefangenen ob ihres kommenden Schicksals in deutscher Kriegsgefangenschaft, wenn sie den 'Weg der Schweine' gehen, denn anders als diese wissen die Männer, was in einem Schlachthaus mit Schlachttieren geschieht. Derartige

---

[267] VONNEGUT, Kurt Jr.: *Schlachthof 5 oder Der Kinderkreuzzug*, Reinbek bei Hamburg 2010, S. 149.
[268] VONNEGUT, Kurt Jr.: *Schlachthof 5 oder Der Kinderkreuzzug*, S. 149 und S. 155.
[269] VONNEGUT, Kurt Jr.: *Schlachthof 5 oder Der Kinderkreuzzug*, S. 149 f.
[270] VONNEGUT, Kurt Jr.: *Schlachthof 5 oder Der Kinderkreuzzug*, S. 149.
[271] VONNEGUT, Kurt Jr.: *Schlachthof 5 oder Der Kinderkreuzzug*, S. 34-38 und S. 189.

Befürchtungen könnten zum Handlungszeitpunkt im Februar 1945 auch noch durch erste Gerüchte und Berichte über befreite Konzentrationslager bestärkt werden.

Eine zentrale Episode des Romans stellt die Bombardierung Dresdens dar. Der Protagonist flüchtet sich mit seinen amerikanischen Kameraden und vier Wachmännern in den Fleischkeller des Schlachthofes. Der Fleischkeller ist der einzige Raum des Schlachthofes, der noch Hinweise auf seine eigentliche Bestimmung aufweist. Wie zuvor nur beim Schweinestall bringt der Erzähler hier eine nähere Beschreibung der Lokalität an, wobei fast alle Sinne in diese eingebunden werden:

> „Hier war es auf Grund der Umstände kühl. Es gab keine Kühlanlage. Kerzenlicht brannte. Der Keller war weiß getüncht und roch nach Karbol. An einer Wand standen Bänke."[272]

An Fleischerhaken hängen hier noch Schweine, Rinder, Schafe und Pferde, so dass die Schutzsuchenden zwischen „ausgeweidete[n] Tierkadaver[n]"[273] sitzen. Als der Angriff vorüber ist, steigen diese an die Oberfläche zurück und finden sich als die beinahe einzigen Überlebenden in dem zerstörten Schlachthof, der wie das zerbombte Dresden nun optisch dem „Mond"[274] gleicht, wieder.[275]

Anders als seine literarischen Vorgänger und auch anders als noch bei Billys Ankunft in Dresden thematisiert Vonnegut das Schlachthaus hier nicht als Ort des Todes und der Brutalität. Vielmehr wird dieser Ort, an dem einst Tiere starben, für den Protagonisten paradoxerweise zum Zufluchtsort, während die Menschen außerhalb grausam sterben müssen.[276] Findet das systematische Massensterben in den übrigen Werken – Brecht ausgenommen, da auch hier der Schlachtprozess nicht explizit dargestellt wird – innerhalb des Schlachthauses statt, so verlegt Vonnegut es hier auf die Außenwelt. Selbst das Leiden der Tiere findet sich vor dessen Toren, als die vor Billys Wagen gespannten Pferde als geschundene Wesen vorgeführt werden und Billy erstmals seit Kriegsbeginn zu Tränen rühren.[277]

Das Ausharren der Figuren im Keller zwischen toten Tieren kann in diesem Kontext

---

[272] VONNEGUT, Kurt Jr.: *Schlachthof 5 oder Der Kinderkreuzzug*, S. 160 f.
[273] VONNEGUT, Kurt Jr.: *Schlachthof 5 oder Der Kinderkreuzzug*, S. 173.
[274] VONNEGUT, Kurt Jr.: *Schlachthof 5 oder Der Kinderkreuzzug*, S. 173.
[275] VONNEGUT, Kurt Jr.: *Schlachthof 5 oder Der Kinderkreuzzug*, S. 161 und S. 172 f.
[276] MORSE, Donald E.: *Kurt Vonnegut*, Mercer Island 1992, S. 28 f.
[277] VONNEGUT, Kurt Jr.: *Schlachthof 5 oder Der Kinderkreuzzug*, S. 191.

eventuell bereits als Vorausdeutung verstanden werden. Wie sie dort als einzige Lebende unter Kadavern verbrachten, so sind sie jetzt als einige der wenigen Überlebenden umgeben von Menschenleichen.

Vonneguts Schlachthausszene kann folglich mehrdeutig verstanden werden: zum einen als Allegorie auf den Krieg als Ganzes und spezifisch auf das Schicksal der Männer um Billy Pilgrim. Zum anderen kehrt Vonnegut dieses negative Schlachthofbild in sein Gegenteil als lebensrettenden Raum. In Vonneguts „Schlachthof 5" werden im Gegensatz zu Douai, Echeverría, Zola, Sinclair und Döblin weder der Schlachtprozess noch die Rolle von Mensch und Tier in diesem besonderen Umfeld behandelt. Bereits Brecht behandelt in seiner *Heiligen Johanna* das Schlachthaus nicht mehr vordergründig bezüglich seiner Funktion, sondern nutzt es lediglich noch als Schauplatz sowie der mit ihm verbundene symbolische Gehalt dieses Ortes. Vonnegut kann hier teilweise in Brechts Tradition gesehen werden, entfernt sich jedoch noch mehr vom realen Ort des Schlachthauses, da es in *Schlachthof 5* nicht mehr in Betrieb ist. Bezüglich der allegorischen Funktion des Schlachthausbildes erinnert der Roman zudem an Tucholskys Kurzbeitrag *Les Abattoirs*, da auch dieser das Motiv auf den miterlebten Krieg – dort der erste Weltkrieg – bezieht.

3.9 „Blösch" von Beat Sterchi (1985)

Das jüngste in dieser Untersuchung behandelte Werk ist das 1983 erschienene Erstwerk *Blösch* des Schweizer Schriftstellers Beat Sterchi. Erzählt wird die Geschichte des Spaniers Ambrosio, der als Gastarbeiter in den 1960er Jahren in die Schweiz kommt, um zuerst einen Sommer auf einem Bauernhof und schließlich im Schlachthof Geld für seine Familie in der Heimat zu verdienen, und dessen Schicksal mit dem der titelstiftenden Kuh Blösch aufs Äußerste verquickt ist. Wie vor ihm bereits Zola, Sinclair und auch Döblin, berichtet auch Sterchi über ein Milieu, das ihm durchaus bekannt ist. Bevor er sich der Schriftstellerei zuwandte, absolvierte der Autor in jungen Jahren eine Metzgerlehre.[278] Sterchi lässt den Leser die Zeitebene des Bauernhofs und die sieben Jahre später spielende Zeitebene des Schlachthofes parallel erleben, indem sich die Kapitel abwechselnd mit dem jeweiligen Ort beschäftigen. Die Bauernhof-Handlung endet mit Ambrosios Ankunft im Schlachthof.

---

[278] EGYPTIEN, Jürgen: *Artikel: Sterchi, Beat*, in: Kühlmann, Wilhelm (Hrsg.): Killy Literaturlexikon. Autoren und Werke des deutschsprachigen Kulturraumes, 2., vollständig überarbeitete Auflage, Berlin/ Boston 2011, S. 246.

Ambrosio kommt in das fiktive Schweizer Dorf Innerwald, um den noch auf althergebrachte Viehzucht setzenden Bauern des Knuchelhofs bei der anfallenden Arbeit zu unterstützen. In dem Familienbetrieb, dessen finanzielles, wirtschaftliches sowie emotionales Zentrum die zwölf Milchkühe sind, trifft er auf die Leitkuh Blösch, deren Wesen er kennen und schätzen lernt. Der Spanier kann sich schnell als zuverlässige und fähige Arbeitskraft beweisen und den Respekt des Bauern verdienen. Die Dorfbewohner hingegen begegnen dem Ausländer, der nicht ihrer Sprache mächtig ist, mit Spott, Abneigung und Vorurteilen und sehen durch ihn gar die Qualität der Produkte des Knuchelhofs beeinträchtigt. Als er seinen Gastarbeiter nicht mehr halten kann, vermittelt der Knuchelbauer Ambrosio eine Stelle im Schlachthaus der nächsten Stadt. Sieben Jahre nach Verlassen des Knuchelhofes trifft Ambrosio hier erneut auf Blösch, die nun, geschunden und geschwächt, geschlachtet werden soll. Ihr Anblick, der ihn sich selbst in der Kuh wiedererkennen lässt, erschüttert Ambrosio so grundlegend, dass er seine Stelle im Schlachthaus aufgibt und plant, in sein Heimatland zurückzukehren. Während der Spanier wie benommen das Schlachthaus verlässt, um Blöschs Schlachtung zu entgehen, sieht der Leser jenen Tag im Schlachthaus aus der Sicht verschiedener Arbeiter und erlebt so die Arbeit, die Arbeitsbedingungen und deren psychischen Auswirkungen auf die Schlachter mit. Blöschs Tod erweist sich hier als einschneidendes Ereignis, da die Kuh dem betäubenden Schuss trotzt und ihr Kadaver nur mit größter Mühe zerlegt werden kann. Die Handlung schließt mit der Schlachtung eines Kalbes durch Ambrosio und einige seiner Vertrauten. Das Blut des Kalbes wird unter den Arbeitern verteilt und getrunken.

Anders als die bisherigen Texte, in denen die Schlachthausbehandlung nur einen Teil des Werkes ausmachte, oder die sich zwar ausschließlich mit dem Schlachthaus beschäftigen, jedoch an sich einen wesentlich geringeren Umfang aufweisen, spielt der überwiegende Teil der Blösch-Handlung in einem Schlachthaus und beschäftigt sich so in großem Umfang mit diesem. Die Beschreibung verschiedenster Schlachtungen und weiterer Arbeitsschritte fällt daher sehr ausführlich aus. Durch die wechselnde Anordnung mit Szenen auf dem Knuchelhof wird das Geschehen und die Zustände des Schlachthofes immerzu in direkten Kontrast zum Bauernhofleben gesetzt. Um die Gewichtung der Schlachthauskomponenten und ihre Wirkung auf den Leser einschätzen zu können, müssen die Spezifika des Bauernhofes daher hier ebenso Beachtung finden.

Obwohl er bei Sterchi zu einem der beiden für die Handlung und das Schicksal der

Figuren zentralen Orte erhoben wird, bleibt der Schlachthof doch zu Beginn ein eher ungreifbarer und in Teilen gar undefinierter Raum. Eine explizite Beschreibung seines architektonischen Aufbaus, den einige der vorherigen Autoren dem Leser zu Beginn der im Schlachthaus situierten Handlung zumeist in beinahe übertriebener Feingliedrigkeit und Detailreichtum vor Augen führen, findet sich in Sterchis *Blösch* vorerst nicht. Das erste Schlachthauskapitel wirft den Leser unvermittelt in das aus der Sicht eines Ich-Erzählers, eines namentlich nicht benannten Metzgergesellen, geschilderte geschäftige Geschehen der Fleischproduktion.[279] Die Lage des Betriebs wird lediglich in der kurzen, sich im Laufe des Romans mehrfach wiederholenden Wendung „Schlachthof hinter dem hohen Zaun am Rande der schönen Stadt"[280] grob angerissen. Einen wichtigen Aspekt birgt diese kurze Schilderung jedoch, die im Kontext der historischen Schlachthausentwicklung vertraut erscheint: Sterchi situiert seine Handlung in einem zentralisierten Schlachthaus außerhalb der Stadt. Zudem zeigt sich bereits hier ein Charakteristikum, dass sich, wenn auch noch nicht derart ausführlich, auch schon bei Echeverría, Sinclair und Döblin in Teilen findet. Der Schlachthof fungiert als abgeschlossene Welt, die durch den herausgehobenen großen Zaun von ihrer Umwelt abgegrenzt wird. Inhaltlich wird diese Trennung auch an den Vertretern dieses Raumes sichtbar, die durch die Stadtbewohner nur skeptisch betrachtet und aufgrund ihrer Arbeit gar als abstoßend empfunden werden.[281] Der Fakt, dass die Schlachter eine für die Nahrungsversorgung der Städter wichtige Arbeit ausführen, wird nicht honoriert, stattdessen wissen diese nicht einmal, was geschehen muss, „bis die Kuh als Braten im Lieferwagen" liegt.[282] Das Schlachten wird von der Gesellschaft aus dem öffentlichen Leben sowohl geografisch als auch zwischenmenschlich verbannt und ausgegrenzt, gleichzeitig wird jedoch eine Versorgung mit den Produkten des Schlachthauses eingefordert.[283] Ein Verweis auf die funktionelle Notwenigkeit der Arbeit im Schlachthof für die Ernährung der Stadt, wie ihn Sterchi hier gibt, findet sich auch bei Döblin.

Bereits dieser Beginn der Schlachthaushandlung verdeutlicht eine wichtige inhaltliche Ausrichtung des Romans. Nicht das Schlachthaus als Institution soll im Folgenden in den Mittelpunkt gestellt werden, sondern die Arbeiter und speziell ihre innere, seelische

---

[279] STERCHI, Beat: *Blösch*, Zürich 1985, S. 55-58.

[280] STERCHI, Beat: *Blösch*, S. 432.

[281] STERCHI, Beat: *Blösch*, S. 143.

[282] STERCHI, Beat: *Blösch*, S. 144.

[283] Vgl. dazu auch McGOWAN, Moray: *Milch – Migration – Mythos. Beat Sterchis Roman 'Blösch' (1983)*, in: Barkhoff, Jürgen/ Heffernan, Valerie (Hrsg.): Schweiz schreiben. Zu Konstruktion und Dekonstruktion des Mythos Schweiz in der Gegenwartsliteratur, Berlin/ New York 2010, S. 275.

Verfassung. Der Leser bewegt sich so über weite Teile des Werks durch einen Schauplatz, der vorerst baulich nicht weiter greifbar ist. Erst im zehnten Kapitel bringt der Erzähler eine kurze Schilderung der Lokalität, die in eine knappe historische Rückschau zur Schlachtgeschichte eingebettet ist.

> „Draußen, unter freiem Himmel, wurde einst der Ochse und das Lamm geschlachtet. [...] Später waren geschütztere Orte gefragt. Im Schatten einer Eiche, wenn möglich in der Nähe eines Baches, holte man aus zum kräftigen Schlag mit der Axt. Dann in der Stadt im Hinterhof. An der Gasse lag der Laden, und während der zünftige Metzger mit dem abgestochenen Schwein auf die Käufer wartete, stopfte er schon diesen und jenen Muskelteil ins gewendete Gedärm. Die Wurst gesellte sich zum Braten. Und wegen des Gestankes, der aus dem Stadtbach stieg, wurde das blutige Gewerbe bald in den Schlachthof verlegt. Für jeden Fleischhauer eine Einzelschlachtstelle unter einem gemeinsamen Dach. Fortan war es *denen Meistern und ihren Knechten ausdrücklich verbotten, weder groß noch kleines Vieh heimlich in den Häusern zu metzgen, sondern sie sollen es in dem Schlachthaus schlachten. Alles bey der Straf von zehn Pfund, nebst Confiscation des Fleisches.* Im Blocksystem war der Regionalschlachthof hinter dem hohen Zaun am Rande der schönen Stadt vor fast hundert Jahren erbaut worden. Schlachthalle reihte sich an Schlachthalle: die erste war für Großvieh, die zweite für Schafe und Kälber, die dritte für Schweine. Alle in einem Gebäude. Auch der Maschinenraum, die Büros, die Kantine, die Kühlanlagen, die Gefrierräume waren in Blöcken unter dem selben Dach angelegt. Und alle Wege führten durch den Hauptverbindungsgang, der sich an die 200 Meter lang quer durch den ganzen Schlachthof zog."[284]

Es fällt auf, dass Sterchi hier keine präzise, sogar die Maße jeglicher Gebäude bestimmende Beschreibung, sondern lediglich eine rudimentäre Schilderung der Anlage gibt. Interessant ist aber die kurze historische Einordnung, da der Autor hier sein Wissen um die Entwicklung der Fleischproduktion offenbart. Die noch in Douais *Mustermordanstalt* behandelte Thematik der möglichen negativen Begleiterscheinungen der Fleischindustrie für die Reinheit der Städte und der unmittelbaren Umwelt, sowie die Lösung eben jener Probleme durch die Errichtung zentralisierter Schlachthäuser, ist dem Autor bewusst, liegt jedoch zum Zeitpunkt der Romanhandlung bereits weit in der Vergangenheit.

Im Vergleich zu vielen der anderen Vertreter der Schlachthausliteratur, die bereits besprochen wurden, fällt Sterchis *Blösch* nicht nur bezüglich dieser fehlenden Schilderung des Anlagenaufbaus auf. Besonders herausstechend ist die Gesamtinszenierung des Schlachtprozesses und der weiteren Schritte der Fleischverarbeitung. Der Roman legt die Abläufe der Arbeitsschritte keineswegs strukturiert dar. Durch den ständigen Wechsel der Erzählperspektive bewegt sich der Leser geradezu sprunghaft durch den Produktionsprozess, von einer spezialisierten Bearbeitungsabteilung zur nächsten, wobei von Zeit zu Zeit immer wieder die Einzelteile von Blöschs zerlegtem Körper auftauchen und bearbeitet werden.[285] Eine aufeinander aufbauende und gegliederte Produktionskette von der Schlachtung bis zur

---

284 STERCHI, Beat: *Blösch*, S. 328 f.
285 STERCHI, Beat: *Blösch*, S. 146-151.

Verwertung der letzten Schlachtprodukte, wie sie noch Sinclair zeigt, findet sich bei Sterchi nicht. Doch ist gerade diese bisweilen verwirrende Sicht hier bewusst Programm. Der Autor scheint der Leserschaft keinen Blick hinter die Fassade eines Schlachthauses zu erlauben, um sie über die Produktion und die Verarbeitung von Fleisch per se aufzuklären. Vielmehr steht der Arbeiter im Fokus. Die unstrukturierte und wechselhafte Darlegung ermöglicht es, den Arbeitsablauf der verschiedenen Arbeiter kennen zu lernen. Dieser zeichnet sich gerade nicht durch eine straffe Strukturierung aus. Statt dessen werden die Schlachter zu verschiedenen und über den Tag mehrfach wechselnden Arbeitsschritten innerhalb der Produktionskette geschickt; der Einblick in diese kann daher immer nur episodenhaft sein.[286] Der geradezu abgehackte Erzählgestus, besonders aus Sicht des Ich-Erzählers, spiegelt dabei anschaulich die im Schlachthaus herrschende Zeitnot und Hektik der Arbeiterschaft wider.[287] Anders als noch bei der Beschreibung der Gesamtanlage setzt Sterchi bei der Darstellung der einzelnen Tätigkeiten der Schlachter auf einen ausgeprägten Detailreichtum, der keine noch so abschreckende Einzelheit ausspart:

> „Jetzt die Zunge aus der Rachenhöhle. Ich entschleime sie unter dem Strahl im Spülbecken. Die Augäpfel festzuklammern, damit ich Sehnerv und Sehne durchschneiden kann, fällt mir schwer. Die Kugeln rutschen mir immer wieder aus den Fingern. Ich grabe tief in die Augenhöhlen, um besser greifen zu können."[288]

Die eigentliche Tötung der Tiere wird an mehrerer Stelle dargelegt. Speziell die Schlachtung der ersten Kuh durch den Ich-Erzähler fällt hier auffallend ausführlich aus. Nachdem das Tier von einem anderen Mann durch einen Schuss in den Kopf betäubt wurde, beschreibt der Erzähler im inneren Monolog die von ihm vorgenommenen Arbeitsschritte innerhalb der arbeitsteilig organisierten Schlachtung mit anatomischer Präzision. Immer wieder wechselt der Adressat dieser Beschreibung, so dass er zum Teil der vor ihm liegenden Kuh selbst darlegt, was er gerade mit ihrem Körper tut – dieser Dialog mit dem Schlachttier erinnert sichtlich an *Berlin Alexanderplatz*. Neben dem Arbeitsprozess ermöglicht Sterchi dem Leser so auch einen Blick ins innerste Gefühls- und Gedankenleben des Arbeiters und seine Wahrnehmung der Schlachtung.[289]

> „Ich bücke mich über meine erste Kuh des Tages. [...] Das Fell ist warm und borstig. Die Berührung mit dem wegsterbenden Tier immer dort, wo ich es auch kraulen würde. Würde ich? [...] Ich weiß, niedergestreckt machst du nicht mehr muh, nie mehr. Gleich wirst du noch einmal gebunden mit diesem Strick. Ich fühle daran Schweiß und Speichel und Urin; ich rieche Stall und Stroh und Milch. [...] Ich steche zu. Ich steche mein mittellanges Messer in den Fellwulst an der

---

[286] STERCHI, Beat: *Blösch*, S. 217 ff.
[287] STERCHI, Beat: *Blösch*, S. 119 ff.
[288] STERCHI, Beat: *Blösch*, S. 76.
[289] STERCHI, Beat: *Blösch*, S. 73-76.

Brust der Kuh. Ich steche mein mittellanges Messer hinein in die sterbenden Zellen, durchschneide Haut und Haar und Muskeln und Sehnen. Ich scheide dich auf am Hals, schneide den Strängen deiner Halsmuskulatur entlang, schneide dich auf bis zum knorpeligen Weiß deiner Luftröhre. [...] Die Trachea ist frei. Ich lege mein Messer darauf, schiebe die Rundung der Spitze auf dieser leitenden Schiene hinein in die Kuh. Ich erwische die Halsschlagader. Das Blut sprudelt mir leuchtend rot über die Hände, wäscht über die Klinge, über den Holzgriff des Messers."[290]

Die Schlachtung der Titelfigur, der Kuh Blösch, sticht noch einmal gesondert hervor. Auch diese wird durch den Ich-Erzähler vorgetragen. Da die Betäubung hier misslingt, kann Blösch sich während der Prozedur noch weiterhin bewegen, sie wehrt sich gegen die eigene Tötung. Die eigentlich zur Routine gewordene Arbeitsschritte des Schlachters werden zur regelrechten Tortour. Er „verfehlt die Halsschlagader beim ersten, auch beim zweiten"[291] Zustechen und kann sie erst dann wie geplant penetrieren. Ungeachtet der blutenden Wunde richtet sich Blösch, wie schon der Döblins Stier, erneut auf, trotzt der Schlachtung ein letztes Mal, und lässt den Erzähler im Schrecken zurückweichen, bevor sie endgültig tot zusammenbricht. Blöschs unerwartetes Aufbäumen „wie an unsichtbaren Drähten"[292] gezogen verleiht ihr in den Augen des Erzählers eine derartig übernatürliche Aura, dass dieses Erlebnis mit der „Geisterkuh"[293] ihn vollkommen aus der Routine und der Konzentration wirft und ihm seine Arbeit so zusätzlich erschwert.[294] Eine ähnliche geradezu mystische Belegung des Schlachttiers wird bereits auch schon dem Stier Echeverrías zugesprochen.

Am Beispiel Blöschs zeigt Sterchi hier eine missglückte Schlachtung. Die eigentlich als schmerzlos titulierte Betäubung verwundet das Tier lediglich, der fatale Stich in den Hals findet erst beim dritten Hieb sein Ziel.[295] Von einer professionellen, fachmännischen Tötung des Tieres, wie sie Douai rühmt, kann hier keine Rede sein, vielmehr bezeichnet sie der Ich-Erzähler sogar als regelrechtes „Gemetzel"[296]. Auch die spätere Zerteilung des Tierkadavers erweist sich als schwierig. Ein Arbeiter muss die Gedärme förmlich aus dem Kadaver herausreißen, und die Knochen der Kuh lassen sich erst nach größtem Kraftaufwand zerteilen, wobei die Körperhälften nun geradezu gewaltsam aufgespalten erscheinen.[297] Dieses zum Teil dilettantisch anmutende Vorgehen wiederholt sich auch bei der Schweineschlachtung, bei der ein noch nicht betäubtes Schwein bei vollem Bewusstsein aus

---

[290] STERCHI, Beat: *Blösch*, S. 73 f.
[291] STERCHI, Beat: *Blösch*, S. 117.
[292] STERCHI, Beat: *Blösch*, S. 119.
[293] STERCHI, Beat: *Blösch*, S. 121.
[294] STERCHI, Beat: *Blösch*, S. 116-119.
[295] STERCHI, Beat: *Blösch*, S. 116 f.
[296] STERCHI, Beat: *Blösch*, S. 396.
[297] STERCHI, Beat: *Blösch*, S. 146 f. und S. 206-208.

Versehen abgestochen wird.[298] Ergänzt wird dieser gefühlte Dilettantismus noch durch die mangelhaften Arbeitsvoraussetzungen, mit denen sich die Schlachter auseinandersetzen müssen. So ist ihr Werktag geprägt durch das beständige Ringen mit stumpfem Werkzeug, das sie durch den immer aufrecht gehaltenen Zeitdruck nur selten schärfen dürfen.[299] Sterchis Schlachthof offenbart sich so als alles andere als ein Musterbetrieb. Getrieben von ihren Vorgesetzten kämpfen sich die Schlachter regelrecht durch die ihnen auferlegten Arbeiten. Die terminologische Verwandtschaft zwischen Schlachtung und Schlacht wird hier nicht nur als Anspielung herangezogen. Vielmehr verwenden die Arbeiter den ganzen Roman hinweg explizit gebrauchte Kriegstermini, um ihren Tätigkeitsbereich zu umreißen. So wird die Schlachtung selbst als Schlacht der Arbeiter gegen die Tiere beschrieben, aus der diese als Verlierer hervorgehen. Sieger ist jedoch nicht der Schlachter, sondern lediglich der zum „Schlachthofmarschall"[300] erhobene Betriebsleiter, der seine Untergebenen täglich an die „rote[] Front"[301] schickt. Auch die Arbeiter werden zum Besiegten herabgestuft, wenn Ambrosius sagt, sie kämen gebückt aus dem Schlachthaus, als hätten sie einen Krieg verloren.[302]

Als Betrieb der 1960er Jahre weist Sterchis Schlachthof bereits eine weit fortgeschrittene Mechanisierung des Schlachtprozesses auf. In beinahe jedem Arbeitsbereich finden sich Maschinen, die die Arbeiter bei ihren Aufgaben unterstützen. Unter anderem findet sich hier ein als „Demontageband"[303] tituliertes Fließband und ein Apparat, der eigenständig die Borsten der Schweine entfernt, und so an eine in Sinclairs Werk erwähnte Maschine erinnert; vielleicht ein weiterer Hinweis auf Sterchis Wissen um die seinem Roman vorausgegangene Schlachthausliteratur. Anders als in Werken zuvor wird die Mechanisierung der Branche in *Blösch* erstmals jedoch nicht allein als Fortschritt gewertet, sondern als immer weiter fortschreitende Bedrohung für die gelernte Arbeiterschaft. Vielfach können die Gerätschaften auch von nicht geschulten Arbeitskräften bedient werden oder sogar vollkommen ohne menschliche Aufsicht funktionieren. Aus Sorge um ihre Anstellung und ihren Status, lehnen sich daher besonders die älteren Schlachter gegen die weiter vorangetriebene Automatisierung auf.[304]

---

298 STERCHI, Beat: *Blösch*, S. 400 f.
299 STERCHI, Beat: *Blösch*, S. 152.
300 STERCHI, Beat: *Blösch*, S. 113.
301 STERCHI, Beat: *Blösch*, S. 279.
302 STERCHI, Beat: *Blösch*, S. 121 und S. 358 sowie S. 408 ff.
303 STERCHI, Beat: *Blösch*, S. 67.
304 STERCHI, Beat: *Blösch*, S. 198 f. und S. 275 und vgl. dazu auch McGOWAN, Moray: *Milch – Migration – Mythos*, S. 270.

Neben der zunehmenden Mechanisierung spricht das Werk mit der Hygiene in der Fleischproduktion ein weiteres Thema an, dass sich vielfach im Interessenfokus der Schlachthausliteratur behauptet. Auch in Sterchis Schlachthof herrschen noch einige augenscheinliche Mängel auf diesem Gebiet vor. Beispielsweise werden sowohl der Boden als auch die Arbeiter während der Schlachtung und der anschließenden Weiterverarbeitung der Tiere buchstäblich mit deren Blut und Ausscheidungen übergossen. Auch eine Verunreinigung des entstehenden Produktes wird nicht immer vermieden. So spuckt ein Arbeiter auf eine Säge, mit der die geschlachteten Tiere zerteilt werden, Blöschs Eingeweide werden zum Teil auf dem Boden hin und her getreten, bis sie weiter bearbeitet werden, und die zermahlenen Reste von Ambrosios Finger, den er im Fleischwolf verliert, werden lediglich anhand der Farbe aus dem übrigen Fleisch herausgesucht; eine Vorgehensweise, die auffällig an die von Sinclair geschilderte und bereits von Brecht aufgegriffene Mitverarbeitung eines Arbeiters erinnert.[305]

Jedoch zeigen sich auch Hinweise auf einige Verbesserungen der Hygiene. So wird das noch bei Döblin praktizierte Rauchen am Arbeitsplatz hier nicht länger geduldet und kann sogar zur Entlassung des jeweiligen Mitarbeiters führen. Zudem verweisen kursiv gesetzte Einschübe innerhalb der Handlung auf gesetzliche Vorgaben, die zum Beispiel die Entsorgung der Schlachthausabfälle regeln und den Schlachthauszwang vorschreiben, sowie eine medizinische Erklärung des Nutzens der Kühlanlage zur Abtötung von Parasiten im Fleisch. Zudem wird mehrfach angesprochen, dass die produzierte Ware vor dem Weiterverkauf von einem im Schlachthaus angestellten Tierarzt untersucht wird. Minderwertiges Fleisch, wie das von Blösch, muss umgehend verbrannt werden. Eine absichtliche Umgehung dieser Fleischkontrolle, wie sie in Sinclairs *The Jungle* zur traurigen Realität gehört, scheint hier nicht vorzukommen. Sterchi thematisiert derartige hygienische Zustände nur beiläufig. Dies lässt vermuten, dass zur Zeit der Entstehung von *Blösch* sowohl Hygiene als auch Kontrollen in der Fleischindustrie nicht mehr im vorrangigen Fokus des Interesses der Literatur wie auch der Öffentlichkeit standen.[306]

Die beobachteten Charakteristika des Schlachtens und seiner Umstände werden zum Schluss der Knuchelhof-Handlung noch einmal verdeutlicht, indem dem im Schlachthaus durchgeführten industriellen Schlachten die auf dem Bauernhof praktizierte traditionelle Haus- bzw. Hofschlachtung eines Schweins entgegengesetzt wird. Ohne maschinelle

---

[305] STERCHI, Beat: *Blösch*, S. 206, S. 226 und S. 272 sowie S. 365 f., S. 394 und S. 397.
[306] STERCHI, Beat: *Blösch*, S. 67, S. 198 und S. 281 sowie S. 327 f. und S. 432.

Unterstützung schlachtet der Bauer mit seinen Helfern, zu denen auch Ambrosio gehört, das Tier und zerlegt es. Die wesentlichen, aus dem Schlachthof bekannten Arbeitsschritte und Abläufe finden sich auch hier wieder. So quiekt das Schwein, als es herbeigeführt wird, erhält einen Betäubungsschuss und sein Tod tritt durch den Blutverlust ein, den es nach einem Stich in den Hals erleidet. Dennoch ist die inszenierte Atmosphäre der Schlachtung eine andere. Die Prozedur scheint wesentlich schneller, ruhiger und vor allem fachmännischer abzulaufen, das Schwein verblutet schnell, wobei darauf geachtet wird sein Leiden möglichst zu minimieren, und wird ohne Zwischenfälle zügig zerlegt. Auch die zwischenmenschliche Interaktion der Beteiligten wirkt in keinster Weise derart hektisch und rau wie noch im Schlachthaus.

Die Bewertung der beiden Schlachtformen fällt bei Sterchi geradezu gegenläufig zur Darstellung Douais aus. In der *Mustermordanstalt* ist das industrielle Töten und Verarbeiten der Inbegriff der Präzision und des Fachwissens, das sowohl der Fleischqualität aber auch dem Tier zugutekommt. Aller Innovationen und Technik zum Trotz kann Sterchis Schlachthof diesen Anspruch nicht erfüllen. Gewähren die Kompetenz und die geschulten Handgriffe des Schlachters in der ruhigen Atmosphäre des Bauernhofes noch eine schnelle und sauber durchgeführte Tötung des Tieres, fallen diese im Schlachthof dem ständigen Zeitdruck zum Opfer. Auch die von Douai gerühmte Arbeitsteilung ist hier kein immerwährender Garant für eine gesteigerte Arbeitsqualität.[307]

> „Ein Röcheln drang aus der platt auf den Boden gedrückten Kehle, und nach dem Schuß fragte Theres: 'Ist es jetzt tot?' 'Tut nicht so! Sonst macht es der Sau noch mehr weh!' Der Störenmetzger bohrte dem Schwein das Stechmesser in den Hals. [...] Das Schwein wurde kopfüber an die Tennenwand gehängt und von oben bis unten aufgeschlitzt. Graubraungrün drängten die Innereien hervor. Der Überländer arbeitete flink, unter den staunenden Blicken der dabeistehenden Männer holte er Gedärme, die Gebärmutter, Lunge, Leber, Herz und Nieren aus dem Schweineleib und verteilte alles in Schalen und Schüsseln."[308]

Auch wenn der Schlachtprozess bei Sterchi sehr ausführlich und detailliert vor Augen geführt wird, so ist es doch stets der Mensch, der im Mittelpunkt des Interesses steht. Schon die gewählte Erzählform, die wechselnden Erzähler und die Gegenüberstellung der Zeitebenen bzw. Handlungsräume, ermöglicht eine facettenreiche Sicht auf den Arbeiter. Besonders der Metzgergeselle als Ich-Erzähler bereichert die Ausführung ungemein, da besonders an ihm das Innenleben der Beteiligten besonders hervorgekehrt werden kann. In früherer Schlachthausliteratur, bei Douai und besonders Echeverría, wird der Schlachter

---

[307] STERCHI, Beat: *Blösch*, S. 308-312.
[308] STERCHI, Beat: *Blösch*, S. 309 und S. 311.

aufgrund seiner Tätigkeit zunächst als grausam und moralisch verwerflich charakterisiert. Die weitere Fortentwicklung rückte den Arbeiter immer mehr ins Interesse der Autoren, die ihn nun zum Teil als vielschichtiger und menschlicher zeigen. Sterchi widmet sich nun diesen Arbeitern noch ausführlicher und untersucht besonders den Effekt ihrer Tätigkeit und der Institution Schlachthaus auf das innerste Selbst der Männer.

Ähnlich wie schon bei Sinclair und Brecht beschreibt auch Sterchi die im Schlachthof bestehenden schlechten Arbeitsbedingungen. So wird der Arbeitsalltag vorrangig von Hast und Zeitmangel bestimmt. Unaufhörlich werden die Männer von ihren Vorgesetzten mit Zurechtweisungen zum schnelleren Abarbeiten der Tiere angetrieben. Die Sicherheit der Schlachter, die gefährliche Gerätschaften wie Messer und mechanische Sägen handhaben müssen, wird durch dieses gehetzte Arbeitsklima oftmals bedroht. Die Angst vor einer Verletzung durch sich selbst, die Maschinen oder die Kollegen schwingt bei ihnen daher immer mit. Wie immanent diese Bedrohung ist, demonstriert eine Aufzählung der Arbeitsunfälle, die sich von Ambrosios Finger bis zum Tod eines Mannes erstreckt, der von einem Schlachtmesser in den Bauch getroffen wird und verblutet.[309]

Die so ausgelöste psychische Belastung wird noch dadurch verstärkt, dass die Schlachter sich im höchsten Grade unterdrückt und geradezu wie ein „Sklave"[310] oder „Knecht"[311] unterjocht fühlen. Ihr gesamter Arbeitstag und ihr Verhalten während diesem wird allein durch die Vorschriften der Arbeitgeber bestimmt, so dass sie sich sogar für den Toilettengang eine Genehmigung einholen müssen. Der Ich-Erzähler hebt zudem insbesondere die ständige Repression seiner Gefühle und Gedanken hervor. Er will seine Frustration hinausschreien, bleibt aber stets stumm und gefügig. Stellvertretend durch die Vorgesetzten bemächtigt sich das Schlachthaus im übertragenen Sinne des Körpers und des Geistes der Männer.[312]

Als größte Belastung empfindet der Ich-Erzähler jedoch seine, von ihm regelrecht verhasste Arbeit selbst, die ihn zum Teil beinahe erbrechen lässt und die er nur ausführen kann, wenn er jegliche Gedanken diesbezüglich möglichst ausblendet. Das Töten anderer Lebewesen wird nur schwerlich zur Routine. Immer wieder manifestieren sich die Bilder des

---

[309] STERCHI, Beat: *Blösch*, S. 65 f. und S. 69 sowie S. 75 und S. 273 f.
[310] STERCHI, Beat: *Blösch*, S. 75.
[311] STERCHI, Beat: *Blösch*, S. 200.
[312] STERCHI, Beat: *Blösch*, S. 217 f.

Tages in Albträumen von entstellten Tierleibern, die ihm die Arbeit fast unmöglich machen. Hinzu kommt auch noch eine moralische Bürde. Der Ich-Erzähler greift die bereits bei Douai und auch Sinclair gegen die Schlachter erhobene Anklage auf und richtet sie gegen sich selbst: Auch wenn ihm bewusst ist, dass seine Arbeit gemacht werden muss, empfindet er die eigene Tätigkeit dennoch als Mord und sich somit als Straftäter, wobei er kaum wahrhaben will, dass er etwas derartiges tut – als Polizist unter Verdächtigen, wie bei Döblin, sieht er sich nicht.[313]

> „Es muß gemacht sein. Und wir machen es. Eigentlich könnte man … Man müßte nur … Gesucht wird wegen Kälbermord. Wegen Totschlag an … Quer hab ich mich in der Garderobe vor den Spiegel gestellt und auf mein Profil geschielt. Mein Steckbriefgesicht."[314]

Die Belastung des Ich-Erzählers durch diese schlechten Bedingungen der Schlachthausarbeit und der durch sie ausgelösten psychischen Leiden steigert sich und eskaliert letztlich, als der Erzähler schließlich in äußerste Wut verfällt, das Schlachthaus beschimpft und seine Freiheit zurückfordert. Jedoch geschieht auch diese emotionale Entladung lediglich im Kopf des Mannes und bleibt daher ohne Konsequenz. Bis zuletzt bleibt die Wirkung der Schlachthaussphäre bestehen.

> „Ab sofort gehe ich pissen, wenn ich muß, ab sofort bestimme ich den Rhythmus meiner Tage. Ab sofort verlange ich Freiheit und Unabhängigkeit und keine fremden Richter! […] Und wenn es tausend Jahre keiner bemerkt, hier und jetzt erkläre ich mich selbst zum freien Hoheitsgebiet! Unbefugten ist das Betreten verboten! Ich bin doch keine verdammte Kolonie! Ich berufe mich auf die Genfer Konvention! Keine Macht der Welt hat das Recht, auf dieses Territorium vorzudringen, um dort in ihrem eigenen Interesse Verwüstungen anzurichten. Damit ist jetzt Schluß! Heute ist mein Tag der Unabhängigkeit. Die Fahnen hoch! Musik! Eine Rede: Das Bewusstsein meiner Klasse blutet im Schlachthof meiner Seele."[315]

Betrachtet man Beat Sterchis *Blösch* im Kontext der Schlachthausliteratur, so erinnert seine Fokussierung auf den Arbeiter an Sinclairs *The Jungle* und Brechts *Heilige Johanna*. Auch in diesen Werken werden vorrangig die Bedingungen, unter denen die Schlachthausangestellten ihrer Tätigkeit nachgehen müssen, thematisiert. Doch findet sich bei Sterchi keine sozialistische Agenda, das Werk dient nicht dazu, die Leser von den vermeintlichen Tücken des Kapitalismus zu überzeugen. Die Geschichte des Gastarbeiters Ambrosio und der Kuh Blösch gewährt vielmehr einen Einblick in die Psyche der Schlachter. Eine derartige Dimension erreichen Sinclair und Brecht nicht, da in ihren Werken primär die körperlichen und finanziellen Auswirkungen der Schlachthausbeschäftigung auf die Menschen erörtert und veranschaulicht werden.

---

[313] STERCHI, Beat: *Blösch*, S. 57, S. 63 und S. 122 sowie S. 277 f. und S. 401.
[314] STERCHI, Beat: *Blösch*, S. 277 f.
[315] STERCHI, Beat: *Blösch*, S. 425 f.

Um die Darstellung des Menschen in Sterchis *Blösch* als Ganzes zu erfassen, muss immer auch die Inszenierung des Schlachttieres und das Verhältnis zwischen beiden berücksichtigt werden. Gerade hier muss auch die Knuchelhof-Handlung betrachtet werden. Mehr als in allen anderen Werken der Schlachthausliteratur erhebt Sterchi hier das Tier zum Individuum. Was in Sinclairs *The Jungle* noch lediglich auf ein Gedankenspiel des Erzählers beschränkt bleibt, wird bei *Blösch* in der Handlung immanent; Sterchi nähert das Tier nicht nur durch terminologische Andeutungen und theologische Überlegungen seitens des Erzählers, wie bei Sinclair und Döblin, dem Menschen an. Die Kühe des Bauernhofes werden als eigenständige Charaktere mit spezifischen Eigenarten herausgearbeitet. Am deutlichsten manifestiert sich dies in der Leitkuh Blösch, die geradezu menschlichen Züge aufweist. In verschiedenen Situationen, die Ambrosio mit ihr erlebt, zeigt sie der Erzähler als buchstäbliche Person, die Gefühle, Launen und Marotten hat und sich sogar menschenähnlich von Statussymbolen, hier die Größe der Kuhglocke, beeinflussen lässt.[316]

Die Menschen des Knuchelhofes tragen dieser Wesensart ihres Viehs Rechnung, indem sie die Kühe auch oftmals als gleichwertige Persönlichkeiten behandeln und schätzen, ganz anders als viele der vermeintlich fortschrittlichen Bauern, die die Tiere nur noch zu „Großvieheinheiten"[317] reduzieren. So trägt jedes Tier einen Namen, der Bauer achtet und pflegt sie aufs äußerste, spricht mit ihnen und fragt sie sogar nach ihrer Meinung bezüglich Ambrosio. Dieser genießt die Gesellschaft der Kühe und bewundert besonders ihre Herzlichkeit und ihr ruhiges, kompromissbereites Wesen, dem es fremd ist, sich kämpferisch zu widersetzen.[318]

Wie zu erwarten werden die Tiere in Schlachthaus gegenteilig behandelt und wahrgenommen. Zum Objekt, zur „Milchmaschine[]"[319], herabgestuft und entmündigt, erscheint das Schlachtvieh als passiver Erdulder seiner Tötung, der selbst im noch lebendigen Zustand vom Schlachthauspersonal bereits als Produkt, als „Braten, Gulasch, Suppenknochen"[320] und „schreiendes Fleisch"[321] benannt wird. Wie schon bei Döblin und sogar Brecht wird das Tier auch in Sterchis Schlachthof zur Zahl reduziert; möglichst viele

---

[316] STERCHI, Beat: *Blösch*, S. 12 und S. 29 sowie S. 159.
[317] STERCHI, Beat: *Blösch*, S. 186.
[318] STERCHI, Beat: *Blösch*, S. 13 f., S. 25 und S. 31 f. sowie S. 104.
[319] STERCHI, Beat: *Blösch*, S. 72.
[320] STERCHI, Beat: *Blösch*, S. 270.
[321] STERCHI, Beat: *Blösch*, S. 393.

Tiere sollen täglich im „Kuhdemontageprozess"[322], eine Benennung, die das Schlachtviehs zusätzlich zum Objekt erniedrigt, bearbeitet werden. Die freundliche, umsorgende Art des Bauern ist einem schroffen Umgang durch die Schlachter und besonders durch die Vorarbeiter gewichen, die die Tiere beschimpfen und grob behandeln. Die schlechte Behandlung der Tiere durch die Schlachter wird jedoch weniger als unmoralischer Charakterzug der Männer gedeutet, sondern mehr als Nebenprodukt der Hetze und eingeforderten 'Akkordarbeit'. Allein der Ich-Erzähler äußert jedoch Mitleid mit dem Schlachtvieh und deklariert es, da das Tier bei der Schlachtung sichtlich große Schmerzen erleidet, als „Opfer"[323] – eine entsprechende Kategorisierung findet sich ebenso bei Douai und Echeverría. [324]

Die Definition der Tiere als Opfer wird zudem auch in der Positionierung ihrer Kadaver aufgegriffen. Sie hängen „[w]ie verkehrt gekreuzigt"[325] in der Kühlhalle. Diese Körperstellung verweist augenscheinlich auf Christus, der seinerseits in der christlichen Mythologie als das ultimative Opfer für die Menschheit interpretiert wird. Die Tiere werden so mit einer christlichen Symbolik behaftet, die noch weitergeführt wird, wenn das Schlachthaus mit einer Kirche verglichen wird.[326]

Dass eine generelle Vermenschlichung der Tiere und eine emotionale Bindung zu diesen, die sich bereits am Ich-Erzähler sowie an Ambrosio verstärkt zeigt, mit dem Wesen des Schlachthauses unvereinbar sind, beweist besonders die Reaktion eines Viehhändlers auf einen Zeitungsartikel. In diesem wird von einer Kuh berichtet, die durch eine Bürgerinitiative vor dem Tod im Schlachthof gerettet und in den Zoo gebracht wurde. Angesichts dieser Nachricht bricht der Mann blutspuckend zusammen.[327] Innerhalb der Schlachthofhandlung wird die Kuh Blösch und ihre Schlachtung erneut gesondert hervorgehoben. Die früher so starke Blösch betritt das Schlachthaus als ausgemergelte und kränkliche Kreatur – dass die Kuh in einem derart desolaten Zustand bereits im Schlachthaus ankommt, verweist darauf, dass die glanzvollen Tage des Knuchelhofes vorüber sind, und auch er sich wirtschaftlich nicht länger gegen die Modernisierung und Technisierung wehren konnte.[328]

---

322 STERCHI, Beat: *Blösch*, S. 204.
323 STERCHI, Beat: *Blösch*, S. 115.
324 STERCHI, Beat: *Blösch*, S. 68 f. und S. 71 sowie S. 272 und S. 400.
325 STERCHI, Beat: *Blösch*, S. 64.
326 STERCHI, Beat: *Blösch*, S. 64 und S. 72.
327 STERCHI, Beat: *Blösch*, S. 337-339.
328 STERCHI, Beat: *Blösch*, S. 70 und S. 116 sowie S. 160.

Blöschs zuvor von Ambrosio noch gerühmte gefolgsame Wesensart wird ihr im Schlachthaus nun zum Verhängnis. Ohne Widerstand lässt sie sich ins Schlachthaus führen und empfängt den Betäubungsschuss. Hier wandelt sich die Darstellung der Tiere, wenn auch nur temporär und lediglich angesichts einer einzigen Kuh. Blöschs Schlachtung wird zum letzten und einzigen Widerstand der Tiere. Im Kontrast zu ihrer vorherigen Passivität, ja sogar Apathie und ihrer Gehorsamkeit, widersetzt sie sich im Moment des Todes ihren Peinigern. Der Betäubungsschuss versagt, Blösch kann sich erneut aufrichten. Dieser Widerstand wird sogar durch ihren bereits toten Körper aufrechterhalten: ihre Knochen halten den elektrischen Sägen und dem Beil des Schlachters stand. Erst nach größtem Kraftaufwand können die Arbeiter Blöschs Körper zerteilen. Währt ihr Widerstand auch nicht ewig, so gelingt es ihr doch, die Schlachtmaschinerie aus dem Rhythmus und aus dem Zeitplan zu bringen, sie sogar kurzzeitig zu stoppen, wenn die Schlachter angesichts ihres unzerteilbaren Körpers verwundert die Arbeit einstellen. Zudem verleiht ihr dieses letzte Aufbäumen eine geradezu übernatürliche Dimension, etwas geisterhaftes, das den Ich-Erzähler derart aus der Monotonie reißt, dass er dem Schlachthaus innerlich den Rücken kehrt.[329]

Innerhalb der Handlung wird Blösch so gar zum Auslöser des Wendepunkts, da ihre Schlachtung das weitere Handeln der Schlachthausvertreter grundlegend beeinflusst: Der Ich-Erzähler kann seine Arbeit nur noch schwerlich ausführen und lehnt sich, von Blöschs Widerstand inspiriert, schließlich gegen das im Schlachthaus herrschende System auf, wenn auch nur im Stillen. Ambrosio begreift allein beim Anblick der Kuh, welche Folgen die Arbeit im Schlachthof für ihn gehabt hat. Das Blösch in einer derart schlechten körperlichen Verfassung erscheint, offenbart die Schattenseiten der Nutztierhaltung, wobei hier speziell auf die moderne, auf maschinelle Unterstützung setzende Haltung – Blöschs Euter ist von den Melkmaschinen schrecklich zugerichtet – verwiesen wird; die Idylle des Knuchelhofes, auf dem noch keine Maschine im Stall geduldet wurde, gehört längst der Vergangenheit an. Sowohl Tier als auch Mensch sind die Opfer zweier im gleichen Sinne ausbeuterischen Produktionsprozesse. Die Parallele zwischen sich selbst und Blösch wahrnehmend, reagiert Ambrosio noch konsequenter als der Ich-Erzähler und gibt seine Arbeit vollständig auf. Dieser zentralen Bedeutung der Kuh Blösch trägt Sterchi Rechnung, indem sie zur titelgebenden Figur erhoben wird.[330]

[329] STERCHI, Beat: *Blösch*, S. 113-118 und S. 206-208 sowie S. 425 f.
[330] STERCHI, Beat: *Blösch*, S. 1, S. 19, S. 70 und S. 114 f. sowie S. 405 f., S. 425 f. und vgl. dazu auch ARNOLD, Heinz Ludwig: *Passion einer Kuh, Passion eines Knechts. Heinz Ludwig Arnold über „Blösch" von Beat Sterchi*, in: Der Spiegel, Ausgabe 50, Hamburg

„Aber caramba! Dieser ausgemergelte Leib, der so himmelschreiend elendiglich aus einem Viehwaggon auf die Rampe herausgezerrt worden war, der so kläglich in den Morgennebel gemuht hatte, dieser Leib war auch Ambrosios Leib. Die Wunden Blöschs waren seine Wunden, der verlorene Fellglanz war sein Verlust, die tiefen Furchen zwischen den Rippen, die hutgroßen Löcher um die Beckenknochen, die gruben sich auch in sein Fleisch, was der Kuh fehlte, das hatte man auch ihm genommen. Blöschs Hinken und Schleppen und Zögern, das war er, da ging Ambrosio selbst am Strick. [...] In Blösch hatte sich Ambrosio an diesem Dienstagmorgen selbst erkannt.“[331]

Wie in der Schlachthausliteratur vorrangig gebraucht, zieht auch Sterchi das Schlachttier als Allegorie auf den Schlachthausarbeiter heran. Genau wie die Tiere im Schlachthaus leiden und gar misshandelt werden, so ergeht es ebenfalls diesen. Auch sie werden durch diesen Raum gefangengehalten, ihrer Rechte und Freiheiten beraubt; nicht einmal ihre Ausscheidungen dürfen sie selbst regulieren. Von ihren Vorgesetzten kontrolliert, beschimpft und zur hektischen Arbeit getrieben erscheint der Mensch im Schlachthof als fremdbestimmtes und geschundenes Wesen, das vom Schlachtvieh nur noch peripher zu unterscheiden ist. Ihr Aussehen tut dabei noch sein übriges. Wie die Tiere sind ebenso die Arbeiter mit Exkrementen und Körperflüssigkeiten der Tiere verschmutzt. Die Menschen sind von ihrer Zeit im Schlachthaus sichtlich gezeichnet und erinnern darin an jene Tiere, die bereits verletzt ins Schlachthaus gebracht werden, geschweige denn an das Vieh während der Schlachtung: Ambrosius fehlt ein Finger, einem anderen ein Bein und der Ich-Erzähler hat sich schwer an der Hand verwundet.[332] Das Blut der Menschen reiht sich zum Blut der Tiere und vermischt sich in der Vorstellung des Ich-Erzählers gar mit diesem; wie das Tier empfindet auch er sich als „abgestochen“.[333] Das Blut fungiert ebenfalls als verbindendes Element, wenn die Nase des Ich-Erzählers zu bluten beginnt, sowie auch die Nüstern der Tiere bluten.[334] Der Schmerz der Tiere wird ebenso auch der Schmerz der Schlachter. Symbolisch wird das Leid der Arbeiter und das der Schlachttiere so eins. Der Schlachthausmitarbeiter wird hier endgültig zum gleichwertigen Opfer des Schlachthauses und dies nicht wie bei Sinclair auf rein körperlicher, sondern ebenso auf psychischer Ebene.[335]

Die Parallelität wird weiter zugespitzt, als Ambrosius der ins Schlachthaus gebrachten Blösch gewahr wird. In ihrem degenerierten Körper und ihrem gebrochenen Geist erkennt

---

1983, S. 185 sowie McGOWAN, Moray: *Milch – Migration – Mythos*. S. 270 und S. 280.
[331] STERCHI, Beat: *Blösch*, S. 405 f.
[332] STERCHI, Beat: *Blösch*, S. 392 und S. 414.
[333] STERCHI, Beat: *Blösch*, S. 400.
[334] STERCHI, Beat: *Blösch*, S. 121 und S. 153.
[335] Vgl. dazu auch ARNOLD, Heinz Ludwig: *Passion einer Kuh. Passion eines Knechts*. S. 186.

er sich selbst wieder. Sein Leben im Schlachthaus hat ihm ebenso zugesetzt. Ambrosio selbst verbildlicht die Wesensgleichheit zwischen ihm und dem Tier, indem er sich eine Kuhglocke um den Hals legt und die Rufe einer Kuh imitiert.[336] Blöschs Gang durch das Schlachthaus, der mit ihrem Tod lediglich einsetzt und durch die zerlegten Einzelteile ihres Körpers, die sich Schritt für Schritt durch den Produktionsweg des Betriebs bewegen, weitergeführt wird, spiegelt dabei das Schicksal von Ambrosius und den anderen Arbeitern wider: Blösch muss qualvoll leiden, ihr Körper wird mehr und mehr zerlegt und geradezu martialisch zerhackt, ihre Gedärme werden achtlos und abschätzig über den Boden getreten. Diese Destruktion des Kuhkörpers entspricht der kontinuierlichen Zerstörung des Schlachtarbeiters selbst. Die Sinnlosigkeit dieses Leides der Arbeiter offenbart sich zuletzt, wenn Blöschs Körper für verseucht befunden und daher verbrannt wird.[337]

Schließlich gipfelt die Allegorie in der feierlichen Schlachtung des Kalbes zum Ende der Handlung und verschmilzt mit der den Tieren auferlegten Christus-Analogie zu einem einzigen, vieldeutigen Symbol. Ambrosio und seine Vertrauten führen ein geschmücktes Kalb feierlich in das zuvor mit einer Kirche verglichene Schlachthaus, bekreuzigen sich mit einem Messer und schlachten das unbetäubte Tier mit eigenen Händen. Ein Einschub über das gesetzliche Verbot der Tötung unbetäubter Tiere verdeutlicht ihren so demonstrierten Protest gegen jenes System, das sie über Jahre ausgebeutet hat. Sie entledigen sich symbolisch vollends der Herrschaft des Schlachthauses, indem sie den Betriebsleiter, der sie an der Schlachtung hindern will, mit seinem Gürtel an einen eigentlich für die Tierkadaver bestimmten Haken hängen und ihn damit zum Tier degradieren.

Durch das Trinken des Kalbblutes nehmen die Arbeiter das Tier im übertragenen Sinne in sich auf, Mensch und Tier verschmelzen. Der kursive Einschub an dieser Stelle spricht von der Notwenigkeit der Bluttransfusion, um einem verletzten Tier das Leben zu retten. In diesem Kontext könnte die Aufnahme des tierischen Blutes durch die Arbeiter als lebensrettender Prozess gedeutet werden. Die christliche Ebene, die den Tieren schon zuvor beigegeben wurde, findet angesichts der Schlachtung des Kalbes ebenfalls ihren Höhepunkt.

Das Kalb könnte so als eine Messias-Allegorie verstanden werden. Sein Blut wird unter den Arbeitern vergossen und geteilt. Folgt man diesem Deutungsansatz, dann stilisiert dies das Kalb zur Erlöserfigur der Schlachthofarbeiter – gleichzeitig wird das Kalb zum ultimativen Opfer erhoben, sowie auch die Arbeiter, die durch die Aufnahme seines Blutes

---

336 STERCHI, Beat: *Blösch*, S. 406 f.
337 STERCHI, Beat: *Blösch*, S. 433.

selbst ebenso als gleichwertiges Opfer definiert werden.[338]

Eine derartig häufige thematische Anknüpfung an bisherige Vertreter der Schlachthausliteratur, wie sich in Sterchis *Blösch* offenbart, kann wohl kaum als Zufall gewertet werden. Speziell Brecht und Döblin müssen dem Autor bekannt gewesen sein. Er nennt sie gar namentlich, als er einige Studenten über Schlachthäuser und ihre Bearbeitung in der Literatur der beiden Autoren philosophieren lässt.

> „Und von uns sprachen sie. Ohne mich anzuschauen. Als ob sie alle jahrelang im Schlachthof gearbeitet hätten. […] Es ist doch das klassische Exempel für die Machtlosigkeit der unteren Klassen. Schon Brecht hat gezeigt, daß der Unterschied zwischen Arbeiter und Vieh … Auch Döblin beschreibt doch mit dem Berliner Viehhof nichts anderes als eine Grauzone …“[339]

Auch greift er einige konkrete Aspekte besonders aus *The Jungle* auf. Die Lebensgeschichte einer Nebenfigur, die des Schlachters Buri, ähnelt in ihren Grundzügen deutlich der des *The Jungle*-Protagonisten Jurgis. Buri wanderte zeitweise in die Vereinigten Staaten aus und arbeitet in den Stockyards von Chicago. Wie Jurgis beeindrucken ihn die gewaltigen Betriebe und die in ihnen verrichteten, arbeitsteiligen Schlachtungen. Durch einen Schlachtunfall, bei dem er sich wie Jurgis den Fuß verletzt, verliert auch er schließlich seinen Arbeitsplatz.[340]

[338] STERCHI, Beat: *Blösch*, S. 417-423 und S. 426-431.
[339] STERCHI, Beat: *Blösch*, S. 300 f.
[340] STERCHI, Beat: *Blösch*, S. 390-392.

4. Fazit

Das Schlachthaus und das industrielle Schlachten hat seit seiner Entstehung bis heute immer wieder das Interesse der Literatur geweckt. Eine nähere Untersuchung zeigt, dass sich die Autoren dabei verschiedenen, mit diesem Raum verknüpften Aspekten zuwenden – von den technischen Funktionalitäten bis hin zu gesellschaftlichen und moralischen Implikationen der Tierschlachtung. Diese Interessenschwerpunkte ziehen sich im Wesentlichen durch die gesamte Schlachthausliteratur, wobei die Gewichtung einzelner Themenfelder schwankt.

Als eine wichtige Beeinflussung scheint hier u.a. auch das politische und gesellschaftliche Klima zur Zeit der Entstehung der jeweiligen Werke fungiert zu haben. Konzentriert sich die Literatur angesichts drohender Seuchen und Krankheiten noch verstärkt auf die Rolle des Schlachthauses bei deren Bekämpfung oder auch als deren Mitauslöser, rücken mit dem Einzug verstärkter gesetzlicher Regelungen sowie einer vermehrten Standardisierung von Hygienemaßnahmen und Fleischkontrollen derartige Problemfelder in den Hintergrund. Tier und Mensch hingegen werden nun hinsichtlich ihrer Rolle sowie ihrer Charakterisierung im Raum des Schlachthauses zum primären Untersuchungsgegenstand erhoben.

Dabei regt die Literatur den Leser stets zur Reflexion über die dargestellten Umstände an. Innerhalb der Handlungen der Werke ziehen die Autoren das im Kollektivgedächtnis der Leser gefestigte Symbol des Schlachthauses sowie die allegorisch gebrauchte Figur des Schlachtviehs verstärkt heran, um Charakterisierungen zu veranschaulichen und das weitere Geschehen vorwegzunehmen. Im Falle von Echeverrías *Das Schlachthaus,* Sinclairs *The Jungle* und Brechts *Die heilige Johanna der Schlachthöfe* wird das Motiv des Schlachthauses zudem explizit politisch motiviert eingesetzt. Die in den beiden letzteren Werken vorrangig sozialistische Nutzung weist jedoch keineswegs auf eine diesbezüglich generelle Prägung des Motivs hin. Auffällig ist daneben, dass im Zeitraum der Weltkriege keine signifikante Literaturproduktion hinsichtlich der Schlachthausthematik zu verzeichnen ist. Neben der generellen Stagnation des Literaturbetriebs in Kriegszeiten spielt hier sicher auch die Lebensmittelknappheit eine Rolle, angesichts derer Hygienemissstände oder schlechte Arbeitsbedingungen in Schlachthäusern nebensächlich wurden. In Nachkriegszeiten werden Schlachthausszenen jedoch erneut für symbolische Rückblicke genutzt.

Durch motivische Bezüge oder die Rezeption ganzer Handlungselemente, sowie auch durch die ausdrückliche Nennung vorheriger Werke oder Autoren bestätigt sich anhand der untersuchten Quellen die Annahme einer literaturgeschichtlichen Entwicklung des Schlachthausmotivs.

Der in den untersuchten Werken weitestgehend thematisierte technologische und wirtschaftliche Fortschritt hin zu einem zentralisierten Schlachthaus erweist sich heute als nicht mehr unbedingt aktuell. Im Eindruck von Lebensmittel- und Hygieneskandalen angesichts eines wachsenden Bewusstseins für nachhaltiges Wirtschaften und Konsumieren entwickelt sich derzeit stetig die Tendenz hin zu einer erneut dezentral organisierten Fleischproduktion, bei der auch der Tierschutz eine größere Beachtung finden soll. Inwiefern sich die somit immer wichtiger werdende Ausrichtung der Fleischindustrie hinsichtlich biologischer Standards und nachhaltiger Tierhaltung auf zukünftige literarische Werke auswirken wird, kann jedoch nicht prognostiziert werden. Vielleicht bietet der Konflikt zwischen diesem neuen Bewusstsein und der weiterhin existentiellen Bedeutung industrieller Massentierhaltung und Fleischproduktion für die Ernährung der stetig zunehmenden Weltbevölkerung auch zukünftig weitere Ansätze für eine literarische Auseinandersetzung.

Literaturverzeichnis

Quellen/Primärliteratur:

BRECHT, Bertolt: *Die heilige Johanna der Schlachthöfe*, 35. Auflage, Berlin 2012.

DOUAI, Carl Daniel Adolf: *Eine Mustermordanstalt*, in: Die Gartenlaube. Illustriertes Familienblatt, Leipzig 1867, Nr. 48, S. 759-761.

DÖBLIN, Alfred: *Berlin Alexanderplatz. Die Geschichte vom Franz Biberkopf*, Frankfurt am Main 2008.

ECHEVERRIA, Esteban: *Das Schlachthaus*, Berlin 2012.

FONTANE, Theodor: *Meine Kinderjahre. Autobiografischer Roman*, Berlin 1894.

GOETHE, Johann Wolfgang von: *Tischbeins Zeichnungen des Ammazzaments der Schweine in Rom*, in: Goethe's Werke. Vollständige Ausgabe letzter Hand, 44. Band, Stuttgart/ Tübingen 1833, S. 209-211.

MAJAKOWSKIJ, Wladimir: *Meine Entdeckung Amerikas*, Berlin 1948.

MELVILLE, Herman: *Moby Dick (1851)*, Frankfurt am Main 2004.

ROUSSEAU, Jean-Jacques: *Emil oder Über die Erziehung*, 13. Auflage, Paderborn 1998.

SINCLAIR, Upton: *The Jungle. A Penn State Electronic Classics Series Publication*, University Park 2008, online unter: http://www2.hn.psu.edu/faculty/jmanis/u-sinclair/TheJungle.pdf (abgerufen am 24.04.2013, 13:12 h).

STERCHI, Beat: *Blösch*, Zürich 1985.

TOLSTOI, Leo N.: *Grausame Genüsse*, Berlin 1895.

TUCHOLSKY, Kurt (alias Ignaz Wrobel): *Les Abattoirs*, in: Die Weltbühne, 21. Jahrgang, Berlin 1925, S. 367-370.

VONNEGUT, Kurt Jr.: *Schlachthof 5 oder Der Kinderkreuzzug*, Reinbek bei Hamburg 2010.

ZOLA, Emile: *Der Bauch von Paris*, online unter: http://gutenberg.spiegel.de/buch/1251/1 (abgerufen am 20.04.2013, 09:34 h).

Forschungsliteratur:

ADAMIC, Louis: *Dynamit. Geschichte des Klassenkampfes in den USA (1880-1930)*, München 1974.

ALLEN, William Rodney: *Slaughterhouse-Five*, in: Bloom, Harold: Kurt Vonnegut's Slaughterhouse-Five. Bloom's Modern Critical Interpretations, New York 2009, S. 3-15.

ARNOLD, Heinz Ludwig: *Passion einer Kuh, Passion eines Knechts. Heinz Ludwig Arnold über „Blösch“ von Beat Sterchi*, in: Der Spiegel, Ausgabe 50, Hamburg 1983, S. 185-187.

AYBAR, Canan-Aybüken: *Geschichte des Schlacht- und Viehhofes München*, München 2005.

BECKER, Karin: *Der Gourmand, der Bourgeois und der Romancier. Die französische Esskultur in Literatur und Gesellschaft des bürgerlichen Zeitalters*, Frankfurt am Main 2000.

BECKER, Ute (Hrsg.): *Die Chronik. Geschichte des 20. Jahrhunderts bis heute*, Gütersloh/ München 2006.

BORGESON, Paul W. Jr.: *Esteban Echeverría 1805-1851. Argentine poet and prose writer*, in: Smith, Verity (Hrsg.): Encyclopedia of Latin American Literature, Chicago 1997, S. 277-279.

BUSCHMANN, Walter: *Schlachthof Aachen. Schlachthof als Gewerbe*, online unter: http://www.rheinische-industriekultur.de/objekte/aachen/Schlachthof/Schlachthof.html (abgerufen am 19.05.2013, 19:35 h).

BUNDESGESETZBLATT Jahrgang 2003 Teil I Nr. 32, S. 1242 vom 14. Juli 2003, zuletzt geändert durch Art. 7 Nr. 7 G zur Neuordnung d. Lebensmittel- u. FuttermittelR vom 1. 9. 2005 (BGBl. I S. 2618)

BURROWS, Stephanie: *Tucholsky and France*, London 2001.

CHASTAIN, Emma (Hrsg.): Literature (Sparknotes 101), New York 2004.

COLE, Sarah: *At the Violent Hour. Modernism and Violence in England and Ireland*, New York 2012.

DAVIES, Jude: *Naturalism and Class*, in: Newlin, Keith: The Oxford Handbook of American Literary Naturalism, Oxford (u.a.) 2011, S. 307-321.

DICKSTEIN, Morris: *Introduction to 'The Jungle'*, in: Bloom, Harold (Hrsg.): Upton Sinclair's The Jungle. Modern Critical Interpretations, New York 2002, S. 48-60.

DUDEN: *Artikel: 'schlachten'*, online unter: http://www.duden.de/rechtschreibung/schlachten#Bedeutung1 (abgerufen am 25.05.2013, 21:03 h).

ECHEVARRÍA, Roberto González: *Myth and archive. A theory of Latin American narrative*, Durham (N.C.) 1998.

EGYPTIEN, Jürgen: Artikel: *Sterchi, Beat*, in: Kühlmann, Wilhelm (Hrsg.): Killy Literaturlexikon. Autoren und Werke des deutschsprachigen Kulturraumes, 2., vollständig überarbeitete Auflage, Berlin/ Boston 2011, S. 246.

EINSCHÜTZ: Kathrin: *Wirksamkeitsprüfung verschiedener Verfahren zur Verminderung der Keimbelastung auf Handgeräten der Fleischgewinnung*, Berlin 2004, S. 3.

ELLIOTT, Emory: *Afterword to 'The Jungle'*, in: Bloom, Harold (Hrsg.): Upton Sinclair's The Jungle. Modern Critical Interpretations, New York 2002, S. 89-98.

FAULSTICH, Werner: *Medienwandel im Industrie- und Massenzeitalter (1830-1900)*, Göttingen 2004.

FOCKE, Ann-Christin: *Unterwerfung und Widerstreit. Strukturen einer neuen politischen Theaterästhetik*, München 2011.

FOSTER, David William: *Violence in Argentine Literature. Cultural Responses to Tyranny*, Missouri 1995.

GRIJN SANTEN, Wilhelm B. van der: *Die „Weltbühne" und das Judentum*, Würzburg 1994.

GÜNTHER, Karl-Heinz: *Interdependence between Democratic Pedagogy in Germany and the Development of Education in the United States in the Nineteenth Century*, in: Geitz, Henry/Heideking, Jürgen/ Herbst, Jürgen (Hrsg.): German Influences on Education in the United States to 1917, Cambridge 1995, S. 43-56.

HAMOWY, Ronald: *Government and Public Health in America*, Cheltenham 2007.

HONECK, Mischa: *We are the Revolutionists. German-speaking Immigrants and American Abolitionists after 1848*, Athens (Georgia) 2011.

KETELSEN, Uwe-K.: *Kunst im Klassenkampf: 'Die heilige Johanna der Schlachthöfe*, in: Hinderer, Walter (Hrsg.): Brechts Dramen. Neue Interpretationen, Stuttgart 1984, S. 106-124.

KEUNEN, Bart: *Living with Fragments. World Making in Modernist City Literature*, in: Eysteinsson, Astradur/ Liska, Vivian (Hrsg.): Modernism. Volume 1. A Comparative History of Literatures in European Languages, Amsterdam/ Philadelphia 2007, S. 271-290.

KIESEL, Helmuth: *Geschichte der literarischen Moderne. Sprache, Ästhetik, Dichtung im zwanzigsten Jahrhundert*, München 2004.

KING, Ian: *Der verhinderte Offizier. Der junge Tucholsky über Militär und Pazifismus*, in. Greis, Friedhelm (Hrsg.): Der Antimilitarist und Pazifist Tucholsky. Dokumentation der Tagung 2007 „Der Krieg ist aber unter allen Umständen tief unsittlich", St. Ingbert 2008, S. 39-56.

KLÜVER, Reymer: *1906. Schlachthöfe – Tod am laufenden Band*, in: GEO EPOCHE. Das Magazin für Geschichte. Bd. 30: *Die Industrielle Revolution. Wie Dampf, Stahl und Strom die Welt veränderten*, Hamburg 2008, S. 152-162.

KNOPF, Jan: *Der Schauplatz: Chicago und seine Schlachthöfe*, in: Knopf, Jan (Hrsg.): Brechts 'Heilige Johanna der Schlachthöfe', Frankfurt am Main 1986, S. 67-86.

KREITLING, Holger: *Industriegeschichte: Das Vorbild des Fließbands ist der Schlachthof*, auf WELT ONLINE, online unter: http://www.welt.de/kultur/history/article13416694/Das-Vorbild-des-Fliessbands-ist-der-Schlachthof.html (abgerufen am 20.05.2013, 18:10 h).

KRÜGER, Cindy: *Die Geschichte des Lebensmittelhygienischen Instituts der Veterinärmedizinischen Fakultät der Universität Leipzig*, Dissertation, Leipzig 2007.

KUHRT, Nicola: *Fleischindustrie: Regierung rügt Tierquälerei in Schlachthöfen*, online unter: http://www.spiegel.de/wissenschaft/natur/schlachthoefe-arbeiten-mit-hoher-fehlerquote-tiere-leiden-unnoetig-a-840156.html (abgerufen am 19.05.2013, 20:40 h).

KURZ, Andreas: *Die Entstehung modernistischer Ästhetik und ihre Umsetzung in die Prosa in Mexiko. Die Verarbeitung der französischen Literatur des fin de siècle*, Amsterdam/New York 2005.

KÜSTER, Sabine: *Medizin im Roman. Untersuchungen zu „Les Rougon Macquart" von Emile Zola*, Göttingen 2008.

LEHAN, Richard: *The City in Literature. An Intellectual and Cultural History*, Berkeley/ Los Angeles 1998.

LEIDINGER, Armin: *Hure Babylon. Großstadtsymphonie oder Angriff auf die Landschaft? Alfred Döblins Roman 'Berlin Alexanderplatz' und die Großstadt Berlin: eine Annäherung aus kulturgeschichtlicher Perspektive*, Würzburg 2010.

LERNER, Franz: *Ein Jahrhundert Frankfurter Fleischversorgung. Festschrift zum 100jährigen Bestehen d. Fleischerinnung u. d. Schlacht- und Viehhofs 1884-1984*, Frankfurt 1984.

LINNEMANN, Manuela (Hrsg.): *Der Weg allen Fleisches. Das Motiv des Schlachtens in der Literatur*, Erlangen 2006.

LÜTGE, Gunhild: *Fleischwirtschaft: Die Schlächter...*, online unter: http://www.zeit.de/2012/09/Fleisch-Schlachten/komplettansicht (abgerufen am 18.05.2013, 16:20 h).

McGOWAN, Moray: *Milch – Migration – Mythos. Beat Sterchis Roman 'Blösch' (1983)*, in: Barkhoff, Jürgen/ Heffernan, Valerie (Hrsg.): Schweiz schreiben. Zu Konstruktion und Dekonstruktion des Mythos Schweiz in der Gegenwartsliteratur, Berlin/ New York 2010, S. 269-280.

MEISNER ROSEN, Christine: *The Role of Pollution Regulation and Litigation in the Development of the U.S. Meatpacking Industry, 1865-1880*, New York 2007.

MENTON, Seymour: *The Spanish American Short Story. A Critical Anthology*, Berkeley/ Los Angeles 1980.

MOHRMANN, Ruth E.: *„Blutig wol ist Dein Amt, o Schlachter..." - Zur Errichtung öffentlicher Schlachthäuser im 19. Jahrhundert*, in: Hessische Blätter für Volks- und Kulturforschung, Marburg 1991, S. 101-118.

MORSE, Donald E.: *Kurt Vonnegut*, Mercer Island 1992.

MÖSCHNER, Günter: *1. März 1881: Eröffnung des „städtischen Central- Vieh und Schlachthofes"*, in: Berlinische Monatsschrift 3/1997, Berlin 1997, S. 5 ff.

MÜLLER, Klaus-Detlef: *Bertolt Brecht. Epoche – Werk – Wirkung*, München 2009.

NELSON, Brian: *Zola and the nineteenth century*, in: Nelson, Brian (Hrsg.): The Cambridge Companion to Emile Zola, Cambridge 2007.

NOUZEILLES, Gabriela/ MONTALDO, Graciela (Hrsg.): *The Argentina Reader. History, Culture, Politics*, Durham (N.C.) 2002.

OBERT, Michael: *Schlachthof*, in: Hundert Jahre Bürgerverein Oststadt, Jubiläumsbuch 1996, Hrsg.: Bürgerverein Oststadt e.V., Karlsruhe 1996, S. 117-121.

PATTERSON, Charles: *"Für die Tiere ist jeden Tag Treblinka" – Über die Ursprünge des industrialisierten Tötens*, Frankfurt am Main 2004.

REITZ, Charles: *Horace Greeley, Karl Marx and German 48ers: Anti-Racism in the Kansas Free State Struggle, 1854-64*, in: Bouvier, Beatrix u.a. (Hrsg.): Marx-Engels Jahrbuch 2008, Berlin 2009, S. 9-32.

RENZI, Luca: *Alfred Döblin – das Bild der Moderne in seiner Epik-Theorie*, in: Becker, Sabina (Hrsg.): Literarische Moderne, Berlin 2007, S. 181-198.

SCHINDLER-REINISCH, Susanne: *Berlin-Central-Viehhof. Eine Stadt in der Stadt*, Berlin 1996.

SCHLÜTER, Aline Silja: *Die amtliche Fleischuntersuchung der Tierart Rind in Deutschland: Retrospektiven, Status quo und Perspektiven*, Dissertation, München 2006.

THOMSEN, Frank/ MÜLLER, Hans-Harald/ KINDT, Tom: *Ungeheuer Brecht. Eine Biographie seines Werks*, Göttingen 2006.

TICHI, Cecelia: *Exposés and Excess. Muckraking in America, 1900/2000*, Philadelphia 2004.

VETTER, Ute: *Schlachthofabriss. Blutige Geschichte*, online unter: http://www.fr-online.de/hanau/schlachthofabriss-blutige-geschichte,1472866,3207712.html (abgerufen am 20.05.2013, 18:20 h).

YODER, Jon A.: *The Muckraker*, in: Bloom, Harold (Hrsg.): Upton Sinclair's The Jungle. Modern Critical Interpretations, New York 2002, S. 3-20.

ŽIŽEK, Slavoj: *The Parallax View*, Cambridge 2006.

FSC C083411

FSC
www.fsc.org
MIX
Papier | Fördert
gute Waldnutzung
FSC® C083411

Zeitfracht Medien GmbH
Ferdinand-Jühlke-Straße 7
99095 Erfurt, Deutschland
produktsicherheit@kolibri360.de